telc

AF648554

Schreibtraining

Deutsch für den Beruf B2

Musterlösungen

Nicole Fernandes

telc gGmbH
Bad Homburg

Schreibtraining
Deutsch für den Beruf B2
Musterlösungen

Autorin: Nicole Fernandes
Redaktion, Layout und Satz: telc gGmbH
Coverfoto: fotolia.com/fotolia_122126831
Umschlagfotos hinten: Jan Kocovski

Weitere Informationen zu unseren Lehrwerken finden Sie unter
www.telc.net/lehrmaterialien

3. Auflage[2] 2024

www.telc.net
Printed in Germany

telc Order-Nr.: V01-4004-TSL-1801A
ISBN: 978-3-946447-25-2

Teil I Schreibübungen

Teil II Szenarien

Hinweise zu diesen Musterlösungen

In den *Musterlösungen* zum *Schreibtraining Deutsch für den Beruf B2* finden sich zu allen freien Schreibaufgaben des Schreibtrainings Beispiele, wie die Aufgaben auf der Kompetenzstufe B2 bearbeitet werden können. Darunter sind E-Mails, Briefe, Notizen, Chats, Berichte und vieles mehr. Lernende trainieren mit dem Schreibtraining so alle wichtigen beruflich relevanten Textsorten. Die Lösungen zu den geführten Aufgaben des Schreibtrainings sind dagegen direkt im Lösungsteil des Trainingsbuches selbst enthalten.

Wer die Aufgaben des Schreibtrainings bearbeitet hat, kann die Musterlösungen zur Kontrolle und Orientierung nutzen. Lernende sollten die Aufgaben im Schreibtraining aber in jedem Fall selbstständig lösen und die Musterlösungen erst anschließend zur Überprüfung heranziehen. Denn jede Aufgabenstellung und jeder Text ist anders. Es profitiert nur wirksam vom Schreibtraining, wer seine schriftliche Kommunikationsfähigkeit durch eigenes Formulieren und regelmäßiges Schreiben übt.

Wie das Schreibtraining gliedern sich auch die Musterlösungen in zwei Teile:

- **Teil I** führt die Lernenden peu à peu an die Herausforderungen der schriftlichen Kommunikation heran und trainiert in kleinteiligen Aufgaben einzelne Sprachhandlungen am Beispiel verschiedener Textsorten. Schrittweise entwickeln die Lernenden so z. B. eine E-Mail an den Vorgesetzten mit Betreff, Anrede, Formulierung ihres Anliegens, einer Begründung und einer möglicherweise daraus resultierenden Folge sowie der passenden Abschiedsformel. Schließlich münden die Einzelübungen auch in Teil I in umfassendere Aufgaben, und Lernende sollen nicht nur einzelne Formulierungen, sondern vollständige Texte produzieren. Für diese Aufgaben sind hier Beispiellösungen zu finden.

- **In Teil II** werden alle Sprachhandlungen aus Teil I wiederholt in größeren Szenarien trainiert. Dabei übernehmen die Teilnehmenden verschiedene Rollen und entwickeln so die gesamte (vorwiegend) schriftliche Kommunikation in einem größeren beruflichen Setting. Entsprechend sind hier Lösungsbeispiele für alle schriftlich zu bearbeitenden Schritte der einzelnen Szenarien enthalten.

Ebenso wie das Schreibtraining *Deutsch für den Beruf B2* sind auch die Musterlösungen sowohl für Selbstlerner als auch für den Einsatz im Unterricht geeignet. Wenn Sie im Kurs mit dem Lehrwerk *Einfach besser! 500 Deutsch für Berufssprachkurse B2* arbeiten, bieten sich das Schreibtraining und dieses Lösungsbuch als passende Ergänzung an. Wenn Sie selbstständig oder auf der Basis anderen Lehrmaterials Ihre Schreibfertigkeit verbessern wollen, eignen sich beide Produkte ebenfalls ideal, da sie auf alle wichtigen beruflichen Textsorten eingehen. Insbesondere für Selbstlerner bieten sich die Musterlösungen außerdem optimal zur Selbstkorrektur an. Lernende, die die Prüfung zum Abschluss des BAMF-Basiskurses B2 der berufsbezogenen Deutschsprachförderung ablegen wollen, gewinnen durch regelmäßiges Schreibtraining mehr Sicherheit in ihrer schriftlichen Kommunikation.

Erfahrene Kursleiterinnen und Kursleiter haben uns bei der Entwicklung des Trainings und der Musterlösungen beraten und unterstützt. Wir freuen uns, Ihnen damit zusätzliches Übungsmaterial vorlegen zu können, das passgenau auf der Kompetenzstufe B2 eingesetzt werden kann.

Kapitel 1 Bewerbung

1 Einen Lebenslauf schreiben

d Seite 8

Lebenslauf

Persönliche Daten

Name	Marina Hilario
Anschrift	Kantweg 22 50722 Köln
Telefon	0221/112233
Mobil	0176/1122334
E-Mail	hilario.marina@xnet.com
Geburtsdatum/-ort	01.05.1995 in Köln, Deutschland
Berufserfahrung	Erzieherin im Grete-Herrmann-Kindergarten, Köln seit September 2017 Betreuung und Förderung von Kindern zwischen 2 und 5 Jahren Berufspraktikum als Erzieherin im Grete-Herrmann-Kindergarten, Köln September 2015 bis August 2016 Freiwilliges Soziales Jahr in einer Kinder- und Jugendhilfeeinrichtung, Genua, Italien Juni 2013 bis Juni 2014
Weiterbildungen/Kurse	Französisch B1, Volkshochschule Köln seit November 2017
Berufsausbildung	Berufskolleg Köln-Ehrenfeld Vollzeitschule für die Erzieherausbildung September 2014 bis September 2015
Schulbildung	Fachschule für Sozialpädagogik, Köln, 2011–2013 Abschluss: Fachabitur Erich-Kästner-Realschule, Köln, 2005–2011 Waldorf-Grundschule, Köln, 2001–2005
Besondere Kenntnisse/ Sprachen	Deutsch (Muttersprache), Italienisch (Muttersprache), Englisch (B2-Zertifikat), Französisch (Grundkenntnisse)

Köln, 12.05.20xx,

Marina Hilario

3 Ein Bewerbungsschreiben verfassen

b Seite 11 **Anzeige B Seite 9**

Ahmad Moktar
Oldenfelder Str. xx
22143 Hamburg

An
Xy GmbH
Gas- und Wasserinstallation
...

Bewerbung als Auszubildender zum Installateur Heizung/Gas/Wasser

Hamburg, 12.03.20xx

Sehr geehrte Damen und Herren,

da ich nach der Realschule gern eine Ausbildung zum Installateur Heizung/Gas/Wasser machen möchte, hat mich Ihr Angebot bei der Agentur für Arbeit sehr angesprochen.

Zurzeit besuche ich die Herrmann-Gmeiner-Gesamtschule in Hamburg-Rahlstedt, die ich im kommenden Jahr mit dem Realschulabschluss verlassen werde. Bereits während meiner Schulausbildung habe ich ein zweiwöchiges Praktikum in einem Installationsbetrieb absolviert und dabei festgestellt, dass dieser Beruf genau der richtige für mich ist. Ich bin geschickt mit den Händen, verstehe technische Zusammenhänge schnell und arbeite sehr gründlich. Außerdem gefällt es mir, auf Baustellen zu arbeiten und zu lernen, wie man ein Gebäude mit Wasser und Energie versorgt.

Auch der Einsatz auf verschiedenen Baustellen ist sehr interessant für mich, weil ich eine abwechslungsreiche Tätigkeit ausüben möchte. Körperliche Arbeit gefällt mir gut, da ich sportlich bin und jeden Tag Bewegung brauche.

Ich träume davon, nach der Ausbildung auf die Meisterschule zu gehen und irgendwann meinen eigenen Installationsbetrieb zu gründen.

Ich freue mich sehr auf eine Einladung zu einem persönlichen Gespräch.

Mit freundlichen Grüßen
Ahmad Moktar

Anlagen:

Lebenslauf

letztes Schulzeugnis (9. Klasse)

Praktikumszeugnis Sanitär Heintze

b Seite 11 **Anzeige C Seite 9**

Alexander Stankowskij
Gärtnerweg xx
94036 Passau

An
xy-Metalltechnik GmbH
...

Bewerbung als Werkzeugmechaniker (Fräsen/Schweißen)

Passau, 17.07.20xx

Sehr geehrte Damen und Herren,

mit großem Interesse habe ich Ihr Stellenangebot auf arbeitsagentur.de gelesen und möchte mich nun bei Ihnen als Schweißer/CNC-Fräser bewerben.

Vor einigen Jahren habe ich meine Ausbildung zum Werkzeugmechaniker erfolgreich abgeschlossen. Schweißen und Fräsen sind wichtige Bestandteile dieser Ausbildung. Seit meinem Abschluss im Jahr 20xx arbeite ich bei Gunzner Metall in Passau, einem Fertigungsbetrieb für Anlagen- und Maschinenteile. Die Arbeit macht mir Freude und seitens der Firma gab es bisher keine Beanstandungen meiner Leistungen.

Allerdings hat meine Frau vor Kurzem eine Stelle in einem Krankenhaus in Regensburg gefunden und deshalb möchten wir umziehen.

Ihr Unternehmen erscheint mir der richtige Arbeitgeber für eine berufliche Veränderung zu sein. Ich denke, dass ich sowohl fachlich als auch persönlich hervorragend für die Stelle geeignet bin. Ich arbeite mich schnell in neue Aufgaben ein, habe einen Blick für Details und kann nicht nur im Team, sondern auch eigenverantwortlich arbeiten.

Ich freue mich darauf, die Möglichkeiten einer Zusammenarbeit in einem persönlichen Gespräch mit Ihnen zu erörtern.

Mit freundlichen Grüßen
Alexander Stankowskij

Anlagen:

Lebenslauf

Arbeitszeugnis Gunzner Metall

Ausbildungszeugnis Werkzeugmechaniker/Gesellenbrief

Realschulzeugnis

4 Eine begleitende E-Mail schreiben

b Seite 11

Von: vorname.nachname@email.com
An: info@empfaenger.de
Betreff: Meine Bewerbung als Schweißer/CNC-Fräser

Sehr geehrte Damen und Herren,

gern bewerbe ich mich hiermit als Schweißer/CNC-Fräser in Ihrem Unternehmen. Im Anhang finden Sie mein Anschreiben und meinen Lebenslauf, ein Zeugnis meines aktuellen Arbeitgebers, mein Ausbildungszeugnis und den Gesellenbrief (Werkzeugmechaniker) sowie mein Realschulzeugnis.

Ich freue mich darauf, bald von Ihnen zu hören.

Mit freundlichen Grüßen

Alexander Stankowskij

Kapitel 2 Anfragen und Bitten

2 Auf Anfragen aus dem eigenen Unternehmen reagieren

b Seite 16

Zu 3 Thomas Schönberg, Physiotherapeut im Pflegeheim

Von: vorname.nachname@email.com
An: info@empfaenger.de
Betreff: Hilfe bei Herrn Wüst

Hallo Thomas,

natürlich kann ich dir morgen mit Herrn Wüst helfen, gar kein Problem. Ich soll allerdings um 10:30 Uhr mit Frau Wirschen spazieren gehen und danach noch kurz mit Regine den Dienstplan für nächsten Monat besprechen. Hoffentlich dauert das nicht so lange.

Auf jeden Fall warte ich um kurz vor zehn vor Herrn Wüsts Zimmer auf dich und helfe dir. Wenn ich es nicht schaffe, um zwölf zum Physio-Raum zu kommen, müsst ihr vielleicht kurz warten. Ich hoffe, das ist in Ordnung.

Viele Grüße

Nanh

Zu 4 Céline Jardin, Verkäuferin im Kaufhaus

Von: vorname.nachname@email.com

An: info@empfaenger.de

Betreff: Vertretung für übernächsten Samstag

Liebe Frau Jardin,

vielen Dank für Ihre Nachricht.

Ich habe mich bei den Kolleg/innen umgehört und konnte eine Vertretung für Sie finden. Sie brauchen also am übernächsten Samstag (22.09.20xx) nicht zu arbeiten und können zum Schulfest Ihres Sohnes gehen. Allerdings würde ich Sie tatsächlich bitten, dafür einen anderen Samstag im Oktober zu übernehmen. Bitte geben Sie mir bald Bescheid, welches Datum Ihnen am besten passt.

Vielen Dank im Voraus und herzliche Grüße

Katharina Fröhlich-Schmitz

Zu 5 Cem Arslan, Leiter eines Reinigungsteams

Von: vorname.nachname@email.com

An: info@empfaenger.de

Betreff: Bitte um Gesprächstermin

Sehr geehrter Herr Arslan,

herzlichen Dank für Ihre Nachricht. Ich freue mich, dass Sie sich in dieser Sache an mich gewandt haben und stehe gern für ein Gespräch zur Verfügung.

Sie brauchen natürlich nicht außerhalb Ihrer Arbeitszeit vorbeizukommen. In der kommenden Woche bin ich sehr beschäftigt und teilweise beruflich unterwegs, aber ich könnte Ihnen die folgende KW 17 anbieten, jeweils morgens gegen 08:00 Uhr in meinem Büro. Bitte teilen Sie mir den Tag mit, der für Sie am günstigsten ist.

Mit freundlichen Grüßen

Theo Bürli

3 Bitten gegenüber Mitarbeitern aus fremden Unternehmen formulieren

b Seite 16

Von: vorname.nachname@email.com

An: info@empfaenger.de

Betreff: Bitte um ein Angebot

Sehr geehrte Damen und Herren,

wir sind eine mittelgroße Praxis für Physiotherapie im Nordwesten von München. Da wir bald neue Räumlichkeiten einrichten wollen, brauchen wir aktuell folgende Trainingsgeräte:

- 5 große Gymnastikbälle
- 10 Yogamatten
- 2 Punchingbälle
- 10 Sets Hanteln (je 2,5 kg)

Außerdem muss in einem der Räume eine Sprossenwand geliefert und montiert werden. Wäre es möglich, dass jemand aus Ihrem Unternehmen diese Aufgabe am gleichen Tag übernimmt?

Bitte schicken Sie mir ein ausführliches Angebot mit den Preisen für die Geräte, die Lieferung und die Montage. Ein baldiger Liefertermin wäre für uns optimal.

Herzlichen Dank im Voraus und viele Grüße

xx yy

Kapitel 3 Formulare und Anträge

7 Formulare für die Unternehmensgründung

f Seite 21

1 Kiosk

Der Kiosk befindet sich an einer belebten Straßenecke in einem Wohngebiet in der Nähe zu einer Bäckerei, einem Friseursalon und einem Café. Im Geschäft sollen Getränke, Süßigkeiten, kleine Snacks, Zigaretten und Zeitungen angeboten werden. Viele Bewohner des Stadtteils kommen hier auf dem Weg zur oder von der Arbeit vorbei. Da es keinen großen Supermarkt in der Nähe gibt, ist mit guten Verkäufen zu rechnen. Bisher hat der Kiosk schon gute Umsätze erwirtschaftet.

Eventuell ist zusätzlich die Annahme und Verwahrung von Paketen im Kiosk möglich, was eine weitere Einnahmequelle ist.

2 Fahrschule

Die Fahrschule soll in einem Bürogebäude an der Grenze zwischen einem Wohn- und Gewerbegebiet entstehen. So sind die Räume einerseits für die Anwohner gut zu erreichen, andererseits ist die Immobilie kostengünstig und verfügt über Parkplätze für die Fahrzeuge. Bisher gibt es in diesem Stadtteil keine Fahrschule.

Eine Zufahrt zur Autobahn befindet sich in 2 km Entfernung, sodass der Standort auch für besondere Fahrstunden optimal ist. Das Wohngebiet ist dicht besiedelt, vor allem von Familien. Zahlreiche Jugendliche werden hier demnächst ihren Führerschein machen wollen.

3 Renovierungsunternehmen

Das Unternehmen wird Renovierungsarbeiten aller Art anbieten. Dazu gehören Maler- und Tapezierarbeiten ebenso wie das Verlegen von Bodenbelägen und die Neugestaltung von Bädern. Der Standort wird in einem Gewerbegebiet nahe der Städte Köln und Düsseldorf sein, wo eine Lagerhalle, ein Büro und ein Sozialraum angemietet werden. Parkplätze für die Dienstfahrzeuge (3 Lieferwägen mittlerer Größe) sind ebenfalls vorhanden.

Das Unternehmen wird sich zunächst auf die Renovierung von Wohn- und Geschäftsräumen konzentrieren, die im Umkreis in großer Zahl vorhanden sind. Kontakte zu Gebäudebesitzern bestehen bereits.

4 Café

Die Räume für das Café befinden sich in der Fußgängerzone neben einem beliebten Einkaufszentrum. Im Umkreis gibt es eine Bäckerei, eine Pizzeria und ein Fastfood-Restaurant. Das Einkaufszentrum verfügt über weitere Schnellrestaurants und ein Eiscafé.

Ein großer Vorteil des Cafés ist die Terrasse, die in den Sommermonaten sicher viele Besucher anlocken wird. Es ist geplant, drinnen und draußen Sofas aufzustellen, um eine gemütliche Atmosphäre zu schaffen. Neben Kaffeespezialitäten sollen Kuchen und herzhafte Snacks angeboten werden.

5 Lebensmittelgeschäft

Das Ladenlokal befindet sich an einer beliebten Einkaufsstraße mit vielen kleinen Ladengeschäften. In der Nähe befinden sich ein Feinkostladen, zwei Metzgereien, ein Fischgeschäft sowie ein Reformhaus und ein Bio-Markt.

Ein Laden für internationale Lebensmittel stellt eine gute Ergänzung des Angebots dar und wird von den Kunden sicherlich gut angenommen. Neben Obst und Gemüse aus aller Welt sollen vor allem Gewürze, Konserven und besondere Brotsorten aus eigener Herstellung angeboten werden. Diese Produkte sind weder in der Nähe noch in Supermärkten zu finden, was das Unternehmen attraktiv machen könnte.

Kapitel 4 Angebote und Verhandlungen

2 Ausführliches Verhandeln per E-Mail

b Seite 25

- 450,00 Euro angemessen
- Begründung:
- 150,00 € pro Tag (der 23. und der 26. sind jeweils ein halber Tag) sind fair wegen schwerer Arbeit und typischerweise mehr als 8 Stunden pro Tag
- Arbeit findet auch in der Nacht statt
- Arbeit kann gefährlich sein

weitere Fragen:

- Anreise? Wer übernimmt die Kosten (Anfahrt gut 150 km)
- Werden Kleidung und Ausrüstung von der Firma gestellt?
- Übernachtung auf dem Campingplatz?

c Seite 25

Von: vorname.nachname@email.com
An: info@empfaenger.de
Betreff: RE: Personal für Festival gesucht

Hallo Maren,

ich hätte Interesse an dem Job auf dem Festival „Hip Hop am See". Gerne übernehme ich auch die Tätigkeiten während der Nacht, also entweder den Wachdienst oder die Sicherheit rund um die Bühne.

Allerdings scheinen mir 350,00 Euro für das ganze Festival nicht ganz fair zu sein. Es sind immerhin mindestens drei Tage Arbeit, wenn man den 23. und den 26. halb berechnet. Da die Arbeit manchmal gefährlich sein kann, ziemlich anstrengend ist und eine Schicht ja oft auch länger als 8 Stunden dauert, fände ich 450,00 Euro angemessen. Was meinst du dazu?

Dann hätte ich noch ein paar Fragen: Zum Heuersee hätte ich eine Anfahrt von gut 150 km, das kostet schon ein bisschen mehr. Übernimmt die Firma die Reisekosten?

Stellt die Firma unsere Sicherheitskleidung und die Ausrüstung? Bisher war das ja meistens so, aber ich bin nicht ganz sicher.

Schließlich würde ich gern wissen, ob das Sicherheitspersonal auch auf dem Campingplatz übernachtet. Wenn ja, muss ich einen Schlafsack etc. mitbringen, oder ist das alles da?

Vielen Dank für eine kurze Information und viele Grüße

XXX

3 Formelle Angebote und Verhandlungen per E-Mail

d Seite 26

Von: vorname.nachname@email.com
An: info@empfaenger.de
Betreff: RE: Ihr Angebot vom 03.11.20xx

Sehr geehrter Herr Wels,

vielen Dank für Ihre Nachricht. Tatsächlich war ich nicht sicher, wie stark die Getränkeautomaten in Ihrem Unternehmen genutzt werden und habe Ihnen daher einen Durchschnittspreis angeboten.

Bei 150 Mitarbeitern, die regelmäßig Getränke kaufen, können wir die Preise entsprechend anpassen. Ich schlage vor, dass wir zu Beginn 1,10 € für Heißgetränke, 1,60 € für Softgetränke sowie 1,50 € für Bier berechnen. Bei einem Verkauf von über 1.000 Einheiten pro Monat könnten wir den Preis noch weiter reduzieren. Die Pfandflaschen müssten allerdings gesammelt und wieder an uns zurückgegeben werden.

Der Heißgetränkeautomat wird ein Mal alle zwei Wochen gereinigt, bei den anderen Automaten genügt ein Mal pro Monat. Die Auffüllung erfolgt in der Regel einen Tag nach Anmeldung. Das gleiche gilt für Reparaturen. Wartungsarbeiten werden normalerweise bei einer Auffüllung durchgeführt, wenn das nötig ist.

Ich hoffe, dieses Angebot sagt Ihnen eher zu.

Mit freundlichen Grüßen

Hanno Meyer

Von: vorname.nachname@email.com
An: info@empfaenger.de
Betreff: RE:RE: Ihr Angebot vom 03.11.20xx

Sehr geehrter Herr Meyer,

vielen Dank für das neue Angebot. Das sieht schon sehr viel besser aus.

Ich denke, wir probieren es aus und erteilen Ihnen hiermit den Auftrag, die angefragten Automaten in unserer Kantine aufzustellen und zu betreiben. Bitte schicken Sie mir zeitnah einen Vertrag.

Mit freundlichen Grüßen

Patrick Wels

Kapitel 5 Anweisungen

2 Eine halbformelle Arbeitsanweisung schreiben

b Seite 29

1

Von: vorname.nachname@email.com
An: info@empfaenger.de
Betreff: Vertretung während meiner Dienstreise

Liebe Hella,

wie du weißt, bin ich am kommenden Montag auf Dienstreise, weil wir die Messe für Büromaterialien und -maschinen besuchen. Deshalb müsstest du bitte einige meiner Aufgaben übernehmen:

Du solltest auf jeden Fall meine Anrufe annehmen, weil da immer mal etwas Dringendes dabei ist und die Kunden ärgerlich werden, wenn niemand reagiert. Das gleiche gilt für meine E-Mails, bei denen ja auch oft eine schnelle Antwort erwartet wird. Kümmerst du dich bitte darum? E-Mails mit allgemeinen Anfragen brauchst du nicht zu beantworten, das hat auch Zeit bis Dienstag.

Aber es wäre toll, wenn du der Firma Winkler noch ein neues Angebot schicken könntest, das habe ich in dieser Woche nicht mehr geschafft. Laut Geschäftsleitung kannst du ihr einen Nachlass in Höhe von 3% anbieten, weil sie so eine treue Kundin ist.

Vielen Dank für deine Unterstützung und bis Dienstag dann.

Viele Grüße

Marita

2

Von: vorname.nachname@email.com
An: info@empfaenger.de
Betreff: Lieferung an Familie Kunz

Lieber Ferenc, lieber Manuel,

ihr beide fahrt bitte zusammen mit Hermann und Fritz am Dienstag (03.09.20xx) mit einer Lieferung zu Familie Kunz. Die Adresse findet ihr im anhängenden Auftrag.

Der Lkw wird fertig beladen ab 07:00 Uhr morgens an der Rampe des Zentrallagers bereitstehen (Ladeluke 7). Die bestellten Möbel werden bei Familie Kunz ausgeladen und in die entsprechenden Räume gebracht. Ihr beide seid dafür zuständig, die Küche aufzubauen und anzuschließen. Außerdem muss noch ein Wohnzimmerschrank aufgebaut werden, aber das können die anderen beiden erledigen. Das sollte an einem Tag zu schaffen sein. Gutes Gelingen!

Viele Grüße

Herbert

3

Von: vorname.nachname@email.com
An: info@empfaenger.de
Betreff: Organisation des Ausflugs in den Zoo

Liebe Johanna, liebe Berrin,

ich möchte euch beide bitten, den jährlichen Ausflug unserer Kinder in den Zoo zu organisieren. Der Ausflug soll am 26.06.20xx stattfinden.

Ruft ihr bitte bald im Zoo an und fragt nach Gruppenkarten für Kindergruppen? Es wäre natürlich toll, wenn wir einen Nachlass oder ein paar Freikarten bekommen könnten. Danach müsst ihr die Erlaubnis der Eltern einholen. Dazu bereitet ihr bitte ein Erlaubnisschreiben vor, druckt es aus und kopiert es, damit jedes Kind eins für die Eltern bekommt. Beispiele findet ihr im Computer im Ordner „Eltern". Dann könntet ihr euch zusammen mit den anderen Kolleg/innen auch schon mal Aktivitäten zur Vorbereitung ausdenken, damit sich die Kinder auf den Besuch im Zoo einstimmen können.

Wenn ihr Fragen habt, stehe ich euch gern zur Verfügung.

Vielen Dank und schöne Grüße

Kathrin

b Seite 30

Von: vorname.nachname@email.com
An: info@empfaenger.de
Betreff: Besuch unserer Geschäftspartner aus Südamerika – Präsentation am Mittwoch, 26.09.20xx

---

Sehr geehrte Frau Rommerskirchen,

ich habe Ihre Nachricht erhalten und werde mich schnellstmöglich darum kümmern, den Besuch unserer Partner zu organisieren. Vermutlich kann ich Ihnen die genaue Aufstellung mit einzelnen Aufgaben und den jeweils verantwortlichen Personen schon Mitte nächster Woche zuschicken. Ich hoffe, dass die Kolleg/innen sich schnell zurückmelden.

Bis dahin und viele Grüße

Anita Jiménez

e Seite 31

Von: vorname.nachname@email.com
An: info@empfaenger.de
Betreff: Besuch unserer Geschäftspartner aus Südamerika – Präsentation am Mittwoch, 26.09.20xx

---

Liebe Frau Laudani,

am o.g. Termin sind unsere Partner aus Chile zu Besuch in unserem Haus und möchten bei dieser Gelegenheit gern ihre neu eröffnete Textilfabrik in Chile präsentieren. Daher bitte ich Sie, für die Zeit von 10:00 bis 12:30 den großen Konferenzraum zu reservieren und unsere Einkaufsabteilung zu der Präsentation einzuladen.

Da unsere Gäste kein Deutsch sprechen, benötigen wir einen Dolmetscher für Deutsch/Spanisch. Bitte beauftragen Sie jemanden für diesen Tag. Weiterhin besorgen Sie bitte Kaffee, Wasser und Kekse für ca. 15 Personen und bereiten am entsprechenden Tag morgens den Raum vor. Dazu müssten Sie bitte die Tische eindecken, und Sie sollten auch nicht vergessen, die Technik zu kontrollieren. Unsere Gäste bringen die Präsentation auf einem USB-Stick mit.

Vielen Dank im Voraus und herzliche Grüße

Anita Jiménez

Kapitel 6 Einladung

1 Eine informelle Einladung schreiben

d Seite 33

1

Von: vorname.nachname@email.com
An: info@empfaenger.de
Betreff: Mein Abschied von der Firma am 30.11.20xx

Hallo zusammen,

wie ihr wisst, verlasse ich nun bald unser Unternehmen und ziehe nach Dresden um.

Da ich hier eine sehr schöne Zeit hatte und euch als Kolleginnen und Kollegen sicher vermissen werden, möchte ich am 30.11. ab 17:00 Uhr bzw. nach Feierabend eine kleine Abschiedsfeier in unserem Pausenraum veranstalten. Getränke bringe ich mit und außerdem habe ich gedacht, dass ich für alle Pizza bestelle. Deshalb wäre es toll, wenn ihr mir bis zum 25.11. Bescheid sagen könntet, ob ihr kommt. Dann weiß ich besser, wie viel wir brauchen.

Ich freue mich auf euch.

Viele Grüße

xxyy

2

Von: vorname.nachname@email.com

An: info@empfaenger.de

Betreff: Marie ist da! – Das müssen wir feiern!

Liebe Kolleginnen und Kollegen,

letzte Woche wurde unsere Tochter Marie geboren. Mutter und Kind geht es gut, und ich möchte dieses wichtige Ereignis in unserem Leben gern mit euch feiern.

Daher werde ich am 14. Mai nachmittags Kaffee und Kuchen in meinem Büro für alle haben. Ihr könnt jederzeit einfach vorbeikommen, wenn ihr ein paar Minuten Pause machen könnt. Ich freue mich, euch alle kurz zu sehen.

Bis dahin und viele Grüße

xxyy

3

Von: vorname.nachname@email.com

An: info@empfaenger.de

Betreff: Mitarbeiterfrühstück nach bestandener Probezeit

Liebe Kolleginnen und Kollegen,

seit gestern ist meine Probezeit vorüber, und nun bin ich fest in unserem Unternehmen angestellt. Weil ich mich sehr darüber gefreut habe und weil ihr mich alle in den letzten Monaten so freundlich und hilfsbereit unterstützt habt, möchte ich euch gern am 01. September um 10:00 Uhr zu einem zweiten Frühstück in unseren Pausenraum einladen.

Eine Antwort ist nicht nötig, ich hoffe einfach, dass ihr alle vorbeikommt.

Bis dahin und viele Grüße

xxyy

2 Auf eine informelle Einladung reagieren

d Seite 35

Von: vorname.nachname@email.com

An: info@empfaenger.de

Betreff: RE: Einladung zur Geburtstagsfeier

Lieber Nanh,

vielen Dank für deine Einladung zum Geburtstag, darüber habe ich mich sehr gefreut.

Leider kann ich dir noch nicht versprechen, am 03. Juli dabei zu sein, weil am Tag danach mein Urlaub beginnt. Mein Freund und ich suchen noch nach einer schönen Urlaubsreise, haben aber noch nicht gebucht. Wenn wir also nicht direkt am 03. Juli nach der Arbeit losfahren, komme ich auf jeden Fall zu deiner Geburtstagsfeier. Ich sage dir Bescheid, sobald ich mehr weiß.

Liebe Grüße

xxyy

3 Eine formelle Einladung schreiben

c Seite 36

Von: vorname.nachname@email.com
An: info@empfaenger.de
Betreff: Einladung zum Sommerfest in unserem Kindergarten (29.06.20xx)

Liebe Eltern,

wir möchten Sie hiermit ganz herzlich zum Sommerfest unseres Kindergartens am 29.06.20xx ab 14:00 Uhr einladen.

Wie immer haben Ihre Kinder kleine Aufführungen vorbereitet und in den letzten Wochen viel geübt, um Sie am Tag des Sommerfestes zu unterhalten. Die Aufführungen beginnen um 15:00 Uhr und dauern bis ungefähr 16:30 Uhr. Danach gibt es Spiele für die Kinder und Gelegenheit zu Gesprächen für die Eltern. Gegen 18:00 Uhr essen wir gemeinsam zu Abend und lassen das Fest danach mit Musik ausklingen. Wir würden uns freuen, wenn Sie einen Salat oder einen Nachtisch zu unserem gemeinsamen Abendessen beisteuern könnten.

Bitte lassen Sie uns bis zum 14.06.20xx wissen, mit wie vielen Personen Sie teilnehmen. Wir freuen uns auf Sie!

Vielen Dank und herzliche Grüße

xxyy

d Seite 36

Von: vorname.nachname@email.com
An: info@empfaenger.de
Betreff: RE: Einladung zur Betriebsbesichtigung mit anschließendem Abendessen

---

Sehr geehrte Frau Aziz,

wir haben uns sehr über die Einladung Ihres Unternehmens gefreut und bestätigen hiermit gern den von Ihnen vorgeschlagenen Termin. Es ist eine gute Idee, unseren Geschäftspartner DENSAI bei einer Besichtigung besser kennenzulernen und gleichzeitig die Gelegenheit zu Gesprächen über zukünftige Projekte zu nutzen.

Meine Kollegen und ich freuen uns schon sehr auf den Besuch in Hamburg und bedanken uns ganz herzlich für Ihre Einladung.

Mit freundlichen Grüßen

Felix Kuhn

Kapitel 7 Reklamation

4 Ihre Beschwerden und Reaktionen

Seite 41

Von: vorname.nachname@email.com

An: info@empfaenger.de

Betreff: Wiederholte Mängel bei der Durchführung von Reinigungsarbeiten

---

Sehr geehrte Damen und Herren,

Ihr Unternehmen ist seit drei Monaten als Dienstleister (Gebäudereinigung) für uns tätig, doch während dieser Zeit ist es nun mehrfach zu gravierenden Mängeln gekommen.

Zunächst sind Ihre Mitarbeiter wiederholt unpünktlich zur Arbeit erschienen, haben häufiger als vereinbart Pausen gemacht und konnten schließlich nicht alle Arbeiten in der vorgesehenen Zeit erledigen. In der vergangenen Woche kam es zu einem Vorfall, der für unser Unternehmen besonders unangenehm war. Ihre Mitarbeiter hatten versprochen, am Montagabend das gesamte Gebäude gründlich zu reinigen, da wir am Dienstag Besuch unserer Großkunden im Haus hatten. Als die Veranstaltung für unsere Gäste am Dienstag begann, fiel uns auf, dass die Toiletten im Empfangsbereich nicht gereinigt waren. Sie können sich sicher vorstellen, wie verärgert wir über diese Situation waren.

Entsprechend verweigern wir die Zahlung des Einsatzes am vergangenen Montag und fordern Sie ausdrücklich auf, Ihre Mitarbeiter zu mehr Zuverlässigkeit zu ermahnen.

Mit freundlichen Grüßen

xxyy

Kapitel 8 Übergabe und Dokumentation

2 Eine formelle Dokumentation schreiben

d Seite 46

Am 03.03.20xx habe ich eine Werksbesichtigung mit Geschäftspartnern (Firma: xxxx, 15 Personen) durchgeführt. Die Besucher wurden um 16:00 Uhr am Eingang empfangen und in den Besuchersaal geleitet, wo eine 30-minütige Präsentation des Unternehmens stattfand.

Danach habe ich Schutz- und Sicherheitskleidung an die Gäste ausgegeben. Dazu gehörten je ein Schutzhelm sowie eine Signalweste und ein Gehörschutz. Es folgte die Sicherheitsbelehrung nach unseren Firmenstandards. Die Gäste wurden informiert, dass sie sich nicht von der Gruppe entfernen dürfen, dass sie die Anweisungen des Personals befolgen müssen, nicht rauchen und keine Lebensmittel und Getränke mitnehmen dürfen. Alle Gäste haben die Anweisungen befolgt, sodass ich sie problemlos über das Werksgelände führen konnte. Ich habe die einzelnen Arbeitsbereiche erläutert, wobei der Hochofen besonders interessant für die Gäste war.

Um ca. 17:30 Uhr sind wir zum Besuchersaal zurückgekehrt. Alle Sicherheitsgegenstände wurden wieder eingesammelt und eingeräumt. Dann habe ich den Gästen Getränke angeboten und ihre Fragen beantwortet. Zum Abschied haben alle unsere Broschüre erhalten und wurden von mir verabschiedet.

Kapitel 9 Protokoll und Statistik

2 Üben von Gesprächsprotokollen

a Seite 48

Personalmeeting am 17.04.20xx (Orthopädie)

Anwesend: Dimitra Papadopoulou, Volker Heinemann, Dr. Irene Stangiolo, Theresa Alonso, Karsten Klingenberg, Frederik Hellmann, Cathrin Tremmer

Abwesend: Tina Kern

Thema: Erfahrungen und Verbesserungsvorschläge

Protokollantin: Dimitra Papadopoulou

Frau Papadopoulou dankte allen Mitarbeitern für ihr Engagement und forderte sie auf, ihre Erfahrungen und Verbesserungsvorschläge einzubringen.

Herr Heinemann äußerte sich positiv über seine Arbeitsbedingungen, wünscht sich aber mehr Zeit für die Patient/innen und äußerte die Überlegung, einen weiteren Pfleger/eine weitere Pflegerin einzustellen.

Frau Dr. Stangiolo beklagt ebenfalls das knappe Personal. Ihrer Meinung nach war das vergangene Jahr nur erfolgreich, weil sich alle Mitarbeiter sehr engagiert haben.

Frau Alonso äußerte sich positiv über das Team. Sie würde sich freuen, wenn mehr Zeit für Fortbildungen zur Verfügung stünde, um alle Neuerungen zu erarbeiten.

Herr Klingenberg berichtete, dass die Rehabilitation der Patienten gut verläuft. Er schlug vor, Kurse für Patienten nach dem Klinikaufenthalt anzubieten.

Herr Hellmann bedankte sich für die Unterstützung zu Beginn seiner Tätigkeit in der Klinik. Er bat darum, häufiger Teambesprechungen zu veranstalten, um Verbesserungsmöglichkeiten zu diskutieren.

Frau Tremmer äußerte sich allgemein positiv über ihren Arbeitsplatz, sieht die Dokumentationspflicht jedoch kritisch. Hier wünscht sie sich Vereinfachungen, um Zeit zu sparen.

3 Statistiken und Diagramme beschreiben

e Seite 51

Im Januar hatte unsere Schule 150 Kursteilnehmer. Danach ist die Anzahl leicht gestiegen auf 170. Zwei Monate später haben 40 Teilnehmer die B2-Prüfung bestanden und die Schule verlassen, sodass die Zahl auf 130 Kursteilnehmer gesunken ist. Der Anteil der Frauen ist auf 45% gestiegen, doch die Mehrheit der Kursteilnehmer sind Männer. Im April beginnen neue Kurse, da wird sich die Anzahl der Teilnehmer wahrscheinlich auf ca. 150 erhöhen.

Kapitel 10 Kündigung

3 Auf eine Kündigung angemessen reagieren

b Seite 54

Von: vorname.nachname@email.com
An: info@empfaenger.de
Betreff: RE: Kündigung meines Arbeitsvertrags zum 31.10.20xx

Sehr geehrter Herr Heurich,

mit Bedauern haben wir Ihre Kündigung zur Kenntnis genommen und bestätigen hiermit deren Eingang. Das Arbeitsverhältnis zwischen Ihnen und der Elbstrand Klinik endet entsprechend fristgemäß am 31.10.20xx. Obwohl es sehr schade ist, dass Sie uns demnächst verlassen, verstehen wir Ihre private Situation, die Sie zu diesem Schritt bewogen hat. Wir wünschen Ihnen sowohl privat als auch beruflich weiterhin alles Gute.

Mit freundlichen Grüßen

Dimitra Papadopoulou

4 Einen Vertrag mit einer anderen Firma kündigen

e Seite 56

Kündigung des Vertrags mit Ihrem Unternehmen

Sehr geehrte Frau Driesch,

während der vergangenen drei Monate ist es wiederholt zu Schwierigkeiten mit Ihrem Reinigungsteam in unserem Haus, dem Seniorenstift Flottbek, gekommen. Zum einen bestanden Ihre Mitarbeiter mehrfach darauf, Zimmer unserer Bewohner während der Mittagsruhe zu reinigen, sodass unsere Bewohner ihren Mittagsschlaf nicht halten konnten. Außerdem wurden die Räume häufiger nicht gründlich gereinigt. Da unsere Bewohner hier auch medizinisch versorgt werden, sind Mängel bei der Hygiene unentschuldbar. Aus diesen Gründen haben wir uns entschlossen, den Vertrag zwischen Ihrem Unternehmen und unserer Einrichtung zum nächstmöglichen Termin (31.01.20xx) zu kündigen. Wir bitten um eine kurze Bestätigung dieses Schreibens.

Mit freundlichen Grüßen

Jelena Radow, Heimleitung

Kündigung des Vertrags mit Ihrem Unternehmen

Sehr geehrter Herr Wagner,

nach reiflicher Überlegung haben wir uns entschlossen, den Vertrag für Transportdienstleistungen zwischen Ihrem und unserem Unternehmen, der Vodega GmbH, zu kündigen. Da der Transport unserer Waren vom Hamburger Hafen bis zu unseren Kunden meistens zu lange dauert, hatten wir häufiger Schwierigkeiten bei der Abstimmung von Lieferterminen. Trotz Rücksprache mit Ihrem Kundenservice hat sich daran leider kaum etwas geändert. Deshalb kündigen wir o.g. Vertrag fristgemäß zum 31.10.20xx und bitten Sie um eine kurze Bestätigung der Kündigung.

Mit freundlichen Grüßen

Pablo Sanchez, Geschäftsführer Vodega GmbH

Kündigung des Software-Lizenzvertrags (Lizenznummer DTR34.4) zwischen Ihrem Unternehmen und der Elbstrand Klinik

Sehr geehrter Herr Greiff,

in der Vergangenheit ist es häufiger zu Störungen bei Ihrer Software für Krankenkassenabrechnungen gekommen. Mehrfach wurden Zahlungsposten falsch berechnet, Belege mit fehlenden Daten erstellt und fertige Abrechnungen nicht automatisch an die richtige Kasse gesendet. Ihre Supportabteilung konnte uns leider auch nicht weiterhelfen, weil es sich wohl um einen Fehler in der Programmierung handelt, der erst mit dem nächsten Update möglicherweise behoben werden kann.

Wegen des hohen Aufwands bei der Nachbearbeitung der Abrechnungen und der dadurch entstandenen Kosten sehen wir uns leider gezwungen, den Lizenzvertrag zwischen Ihrem Unternehmen und uns zum Ende dieses Jahres (31.12.20xx) zu kündigen.

Bitte bestätigen Sie mir, dass Sie diese Kündigung erhalten haben.

Mit freundlichen Grüßen

Prof. Dr. Johanna Dierks, Klinikleitung

5 Eine Kündigung bestätigen

b Seite 56

Von: vorname.nachname@email.com

An: info@empfaenger.de

Betreff: Kündigung des Vertrags zwischen unserem und Ihrem Unternehmen zum 31.07.20xx

---

Sehr geehrter Herr Möller,

hiermit bestätigen wir den fristgemäßen Eingang Ihrer Kündigung des Vertrags zwischen Ihrem und unserem Unternehmen. Der Vertrag endet entsprechend wie gewünscht zum 31.07.20xx. Wir bedauern, dass Sie keine Möglichkeit zur Verbesserung unserer Zusammenarbeit sehen, stehen Ihnen aber gern wieder zur Verfügung, falls Sie Ihre Meinung ändern sollten.

Mit freundlichen Grüßen

Carsten Lehmann

Von: vorname.nachname@email.com

An: info@empfaenger.de

Betreff: Kündigung des Lieferantenvertrags

Sehr geehrter Herr Frenzel,

ich bestätige den Eingang Ihrer Vertragskündigung sowie das sofortige Vertragsende.

Selbstverständlich ist ein derartiger Fehler unentschuldbar. Ich versichere Ihnen jedoch, dass wir unser Qualitätsmanagement verbessern werden, damit so etwas nicht wieder vorkommt. Vielleicht ergibt sich in Zukunft eine neue Möglichkeit zur Zusammenarbeit.

Mit freundlichen Grüßen

Hanna Jentzsch

Von: vorname.nachname@email.com

An: info@empfaenger.de

Betreff: Kündigung des Lizenzvertrags für „Traductino 2.0"

Sehr geehrter Herr Samet,

wir bestätigen hiermit Ihre Kündigung des o.g. Lizenzvertrags und bedauern, dass unsere Software nicht vollständig kompatibel mit Ihrem neuen System ist.

Bitte beachten Sie, dass unsere Software-Lizenzen grundsätzlich ein Jahr lang gültig sind. Durch die Kündigung endet Ihre Lizenz also erst zum Ende dieses Jahres.

Mit freundlichen Grüßen

Kerstin Reimann

Kapitel 11 Berichtsheft

4 Über die eigenen beruflichen Themen schreiben

b Seite 61

KW 24: Wochenbericht

Im Betrieb habe ich in dieser Woche den Umgang mit dem Kassensystem kennengelernt. Dabei habe ich gelernt, wie man einzelne Belege in die Kasse einscannt oder von Hand eingibt. Außerdem hat man mir gezeigt, wie ein Storno und am Ende des Verkaufstages ein Kassenabschlag durchgeführt wird. Im Beruf des Verkäufers ist man unter Anderem für die Zahlungen zuständig und trägt die Verantwortung dafür, dass die Kasse am Abend stimmt.

Außerdem habe ich Kunden im Verkaufsraum beraten, Kleidungsstücke in anderen Größen aus dem Lager geholt und geholfen, die Schaufenster zu dekorieren.

Am 12.06.20xx hatten wir eine Schulung zur Präsentation von Bekleidung im Verkaufsraum. Das war sehr interessant, weil ich z. B. nicht wusste, wie eine Anordnung der Ware im Verkaufsraum unbewusst Kaufentscheidungen beeinflusst.

In der Berufsschule (Fach Deutsch) haben wir geübt, Kunden beim Kleiderkauf zu beraten. Thema im Fach Rechnungswesen war der Kassenabschlag mit anschließender Ablage.

Eine typische Tätigkeit im Beruf des Verkäufers ist die Beratung von Kunden. Dabei sollte man darauf achten, dass man im Verkaufsraum immer freundlich und ansprechbar, aber nicht aufdringlich wirkt.

Besonders wichtig bei dieser Tätigkeit ist, den Kunden ernst zu nehmen und auf seine Wünsche einzugehen. Man sollte ruhig Vorschläge machen, aber nicht darauf bestehen, recht zu haben. Die meisten Kunden freuen sich über Ideen, möchten aber nicht bevormundet werden. Das gilt ganz besonders beim Kauf von Kleidung.

Kapitel 12 Businessplan

2 Einen Businessplan schreiben

k Seite 66

Zusammenfassung:

Gegründet werden soll ein Ladengeschäft für mediterrane Spezialitäten. Die Gründerin Zoe Vangelidou verfügt über eine abgeschlossene Berufsausbildung zur Einzelhandelskauffrau und 10 Jahre Berufserfahrung in einem Spezialitätengeschäft.

Das Geschäft soll in einer belebten Einkaufsstraße mit zahlreichen Lebensmittelgeschäften entstehen, weil hier sehr viel Laufkundschaft auf der Suche nach besonderen Lebensmitteln vorhanden ist. Ein vergleichbares Geschäft gibt es zum aktuellen Zeitpunkt nicht in der Gegend.

Die Eröffnung ist für den 01.04.20xx geplant, weil das Interesse an mediterranen Lebensmitteln im Frühjahr/Sommer besonders groß ist. Durch ein kleines Eröffnungsevent sowie Flyer und Probierangebote soll das Geschäft schnell bekannt gemacht werden.

l Ein ausführliches Beispiel für einen Businessplan finden Sie in Szenario F.

Beispiel für einen professionellen Geschäftsbrief

[Vorname Nachname]
[Straße Hausnummer]
[Postleitzahl Ort]

An
[Firmenname]
[Ansprechpartnerin]
[Straße Hausnummer]
[Postleitzahl Ort]

[**Betreff**]

[Datum]

Sehr geehrte Damen und Herren,

[Ihr Text.]

Mit freundlichen Grüßen
Unterschrift
[Name in Druckbuchstaben]

Anlagen:

[Anlage 1

Anlage 2

Anlage 3

...]

Szenario A Auf Jobsuche

Erster Schritt:	Kontakt zur Agentur für Arbeit, um Beratung und Unterstützung zu erhalten Aufgaben 1–3, Seite 68

1

Von: vorname.nachname@email.com
An: info@empfaenger.de
Betreff: Beratungstermin für eine Ausbildung zum Fahrzeugmechatroniker

Sehr geehrte Damen und Herren,

mein Name ist Damianos Papadopoulos und ich plane meinen weiteren Ausbildungsweg nach der Schule. Besonders interessant erscheint mir der Beruf des Fahrzeugmechatronikers zu sein. Aus diesem Grund möchte ich Sie um einen Termin bei einem Berufsberater bitten. Ich möchte mehr über die Ausbildung und darüber, wie man sich um einen Ausbildungsplatz bewirbt, erfahren. Es wäre schön, wenn Sie mir bald mitteilen könnten, ob ich am angegebenen Wunschtermin (30.3.20xx um 16:00 Uhr) zu Ihnen kommen kann.

Vielen Dank für Ihre Bemühungen.

Mit freundlichen Grüßen

Damianos Papadopoulos

2

Von: vorname.nachname@email.com
An: info@empfaenger.de
Betreff: RE: Beratungstermin für eine Ausbildung zum Fahrzeugmechatroniker

Sehr geehrter Herr Papadopoulos,

vielen Dank für Ihre Terminanfrage. Ich freue mich, Ihnen Ihren Wunschtermin (30.03.20xx um 16:00 Uhr) zusagen zu können.

Bitte schicken Sie mir vor dem Termin Ihre Bewerbungsunterlagen (Lebenslauf, Bewerbungsschreiben, letztes Schulzeugnis usw.), damit wir darüber sprechen können.

Ich freue mich, Sie bald persönlich kennenzulernen.

Mit freundlichen Grüßen

Sandra Klein

3

Von: vorname.nachname@email.com
An: info@empfaenger.de
Betreff: RE:RE: Beratungstermin für eine Ausbildung zum Fahrzeugmechatroniker

Sehr geehrte Frau Klein,

vielen Dank für den Beratungstermin. Ich freue mich sehr darauf, mit Ihnen über meine berufliche Zukunft zu sprechen. Im Anhang finden Sie meinen Lebenslauf und ein Bewerbungsschreiben. Meine Zeugnisse bringe ich zu unserem Termin mit.

Mit freundlichen Grüßen

Damianos Papadopoulos

Zweiter Schritt:	Beratung und Unterstützung bei der Agentur für Arbeit Aufgaben 1 und 2, Seite 68

1

Von: vorname.nachname@email.com
An: info@empfaenger.de
Betreff: Unser Beratungsgespräch am 30.03.20xx

Sehr geehrte Frau Klein,

ich möchte mich noch einmal ganz herzlich bei Ihnen für die Beratung zu meiner Ausbildung bedanken.

Sehr hilfreich war auch der Tipp, ein Bewerbungstraining zu besuchen. Ich denke, dass ich danach auf jeden Fall sicherer bei der Bewerbung um einen Ausbildungsplatz sein werde. Deshalb werde ich sofort Kontakt zu Herrn Krüger aufnehmen und um einen Termin bitten.

Mit freundlichen Grüßen

Damianos Papadopoulos

2

Von: vorname.nachname@email.com
An: info@empfaenger.de
Betreff: Bewerbungstraining

Sehr geehrter Herr Krüger,

Frau Klein von der Berufsberatung hat mir den Tipp gegeben, dass Sie Bewerbungstrainings für Auszubildende anbieten. Deshalb möchte ich mich gern erkundigen, ob Sie in der nächsten Zeit einen Termin für mich hätten. Im Gespräch mit Frau Klein hat sich herausgestellt, dass meine Bewerbungsunterlagen noch nicht optimal sind. Offenbar habe ich in meinem Lebenslauf nicht alle wichtigen Punkte genannt und auch in meinem Bewerbungsschreiben fehlen laut Frau Klein wichtige Informationen. Ich persönlich finde es schwierig, ein Bewerbungsschreiben zu verfassen, aber ich bin sicher, dass Sie mir dabei helfen können, es zu verbessern.

Damit Sie eine Vorstellung von meinen beruflichen Zielen bekommen, schicke ich Ihnen meine Bewerbung im Anhang mit.

Ich freue mich auf Ihre Antwort.

Mit freundlichen Grüßen

Damianos Papadopoulos

Von: vorname.nachname@email.com
An: info@empfaenger.de
Betreff: RE: Bewerbungstraining

Sehr geehrter Herr Papadopoulos,

vielen Dank für Ihre Anfrage und die Bewerbungsunterlagen.

Ein Bewerbungstraining ist fast immer eine gute Idee, und ich freue mich, dass Sie daran teilnehmen möchten. Das nächste Bewerbungstraining findet am 17.04.20xx um 15:00 Uhr hier in der Agentur für Arbeit statt. Es sind noch Plätze frei und ich habe Sie zur Sicherheit bereits vorgemerkt. Wenn Ihnen der Termin also passt, freue ich mich, Sie persönlich kennenzulernen und mit Ihnen Ihre Unterlagen zu verbessern. Bitte bestätigen Sie mir Ihre Teilnahme. Das Training dauert ca. 3 Stunden.

Mit freundlichen Grüßen

Jonas Krüger

Dritter Schritt:	Bewerbung um einen Ausbildungsplatz in einer Kfz-Werkstatt Aufgaben 1 und 2, Seite 69

1

Von: vorname.nachname@email.com
An: info@empfaenger.de
Betreff: Bewerbung als Auszubildender zum Kfz-Mechatroniker in Ihrem Betrieb

---

Sehr geehrter Herr Müller,

Ihr Unternehmen ist mir als Ausbildungsbetrieb von der Agentur für Arbeit empfohlen worden und ich möchte gern im kommenden Jahr meine Ausbildung zum Kfz-Mechatroniker bei Ihnen beginnen.

Aktuell besuche ich die zehnte Realschulklasse, die ich voraussichtlich im Sommer des kommenden Jahres mit guten Noten abschließen werde. Ich habe mich schon genau über die Ausbildung und den Beruf des Kfz-Mechatronikers informiert und kann mir sehr gut vorstellen, in diesem Bereich zu arbeiten. Weitere Informationen zu mir und meinen beruflichen Zielen finden Sie in den beigefügten Bewerbungsunterlagen.

Ich freue mich sehr darauf, Sie und Ihren Betrieb persönlich kennenzulernen.

Mit freundlichen Grüßen

Damianos Papadopoulos

Von: vorname.nachname@email.com
An: info@empfaenger.de
Betreff: RE: Bewerbung als Auszubildender zum Kfz-Mechatroniker in Ihrem Betrieb

---

Sehr geehrter Herr Papadopoulos,

vielen Dank für Ihre Bewerbung. Ihre Unterlagen haben uns sehr gut gefallen und daher würde ich Sie gern zu einem Vorstellungsgespräch in unseren Betrieb einladen.

Als Termin schlage ich den 03.05.20xx um 15:00 Uhr vor. Bitte teilen Sie mir kurz mit, ob Sie an diesem Tag zu uns kommen können.

Mit freundlichen Grüßen

Tobias Müller

2

Von: vorname.nachname@email.com
An: info@empfaenger.de
Betreff: Vorstellungsgespräch mit einem neuen Auszubildenden am 03.05.20xx um 15:00 Uhr

---

Lieber Sebastian,

am o.g. Termin kommt ein junger Mann bei uns vorbei, der sich für die Ausbildung zum Kfz-Mechatroniker interessiert. Seine Bewerbung hat einen guten Eindruck auf mich gemacht.

Es wäre mir lieb, wenn du bei dem Gespräch dabei sein könntest. Du hast deine Ausbildung ja auch hier absolviert und kannst dem Kandidaten vielleicht ein bisschen darüber erzählen. Wenn du also Zeit hast, halte dir denn Termin bitte frei.

Danke und viele Grüße

Tobias

Von: vorname.nachname@email.com
An: info@empfaenger.de
Betreff: RE: Vorstellungsgespräch mit einem neuen Auszubildenden am 03.05.20xx um 15:00 Uhr

---

Lieber Tobias,

danke für deine Nachricht.

Gerne bin ich am o.g. Termin bei dem Vorstellungsgespräch dabei. Ich habe mir den Termin schon im Kalender notiert und freue mich, den neuen Auszubildenden persönlich zu treffen. Es wäre schön, wenn wir auch für das neue Ausbildungsjahr jemanden finden würden, der in die Firma passt. Ich bin gespannt.

Viele Grüße

Sebastian

Fünfter Schritt: Zusage des Ausbildungsplatzes
Aufgaben 1 und 2, Seite 70

1

Von: vorname.nachname@email.com
An: info@empfaenger.de
Betreff: Unser Gespräch am 03.05.20xx

Sehr geehrter Herr Papadopoulos,

Sie waren in der vergangenen Woche zum Vorstellungsgespräch in unserem Betrieb und haben Herrn Haas und mich kennengelernt. Nun freue ich mich, Ihnen für das kommende Jahr einen Ausbildungsvertrag anzubieten. Sowohl Herr Haas als auch ich sind der Meinung, dass Sie hervorragend für den Beruf geeignet sind und außerdem gut in unser Team passen.

Den Ausbildungsvertrag finden Sie im Anhang. Nehmen Sie sich die Zeit, um ihn in Ruhe zu lesen. Wenn Sie Fragen dazu haben, können Sie sich gern an mich wenden. Wir hoffen sehr, dass Sie sich für die Ausbildung bei uns entscheiden.

Mit freundlichen Grüßen

Tobias Müller

2

Von: vorname.nachname@email.com
An: info@empfaenger.de
Betreff: Unser Gespräch am 03.05.20xx

Sehr geehrter Herr Müller,

ich danke Ihnen sehr für das Angebot.

Sehr gerne beginne ich im kommenden Jahr meine Ausbildung zum Kfz-Mechatroniker in Ihrem Betrieb. Auch mir hat das Gespräch mit Ihnen und Herrn Haas sehr gut gefallen und ich kann es kaum erwarten, mit Ihnen zusammenzuarbeiten.

Den Ausbildungsvertrag habe ich in Ruhe gelesen und werde Ihnen per Post ein Exemplar unterschrieben zurücksenden. Nochmals vielen Dank für diese großartige Chance. Ich werde Sie nicht enttäuschen.

Mit freundlichen Grüßen

Damianos Papadopoulos

Vorschläge zur Änderung

1

Von: vorname.nachname@email.com

An: info@empfaenger.de

Betreff: Bitte um Beratungstermin

Sehr geehrte Frau Klein,

vor einigen Jahren haben Sie mir geholfen, einen Ausbildungsplatz zum Fahrzeugmechatroniker zu finden. Nun habe ich diese Ausbildung erfolgreich abgeschlossen, aber mein Ausbildungsbetrieb kann mich aktuell leider nicht in ein festes Arbeitsverhältnis übernehmen.

Aus diesem Grund möchte ich Sie bitten, mir einen Beratungstermin anzubieten, damit ich mit Ihnen meine weiteren beruflichen Möglichkeiten besprechen kann.

Es wäre sehr hilfreich, wenn Sie mich über Stellenangebote informieren und mir vielleicht auch ein paar Tipps zur Bewerbung geben könnten.

Im Voraus vielen Dank für Ihr Bemühen.

Mit freundlichen Grüßen

Damianos Papadopoulos

Szenario B Im Chat mit den Kollegen

Erster Schritt: Informationsaustausch zu verschiedenen Einsätzen
Aufgaben 1–6, Seite 72

1

Hallo ihr zwei,

wir haben ab dem nächsten Monat drei neue Geschäftskunden, eine kleinere Fabrik, ein Restaurant und eine Arztpraxis.

Die Mitarbeiter für die Fabrik brauchen vielleicht noch eine genaue Einweisung, z. B. wegen der Sicherheit und der Arbeit mit Hochdruckreinigern und speziellen Reinigungsmitteln. Auch für das Restaurant und die Arztpraxis gibt es spezielle Hygienevorschriften.

Habt ihr eine Idee, wer dort arbeiten möchte und wann wir eine Mitarbeiterschulung durchführen können?

Gruß

Niko

2

Hallo Niko,

das ist ja wunderbar, herzlichen Glückwunsch! Ich müsste wissen, wann und wie oft die Räume der Neukunden gereinigt werden sollen. Vielleicht kannst du auch schreiben, was genau gereinigt werden soll.

Danke und VG

Katharina

3

Hallo zusammen,

die Fabrik kann nur samstags gereinigt werden, dazu brauchen wir mindestens vier Mitarbeiter/innen. Es können auch mehr sein. Die Anfahrt ist nicht so kompliziert, die Firma liegt direkt im Gewerbegebiet. Hier müssen vor allem die Werkshalle, die Büros und die Sozialräume gereinigt werden. In der Halle brauchen wir Hochdruckreiniger für den Boden.

Das Restaurant ist vormittags geschlossen, soll aber jeden Tag geputzt werden, also auch an den Wochenenden. Ich denke, zwei Personen schaffen das in jeweils drei Stunden.

Die Arztpraxis müsste am frühen Abend geputzt werden, unter der Woche jeden Tag. Für den Empfang, das Wartezimmer, die Toiletten etc. gibt es nichts Besonderes zu beachten. Die Behandlungsräume müssen allerdings antibakteriell gereinigt werden, es geht aber nur um die Oberflächen.

Was meint ihr?

Gruß

Niko

4

Guten Morgen zusammen,

eigentlich sehe ich hier kein Problem. Wir haben schon einige Kolleg/innen, die gerne mehr arbeiten möchten. Ich hoffe mal, dass die Arbeitszeiten für alle in Ordnung sind. Es ist ja einiges an den Wochenenden zu erledigen.

VG

Dambisa

5

Das habe ich auch schon überlegt. Aber weil es um Geschäftskunden geht, können wir für diese Einsätze auch einen höheren Stundenlohn zahlen. Ich dachte an 10% mehr Lohn und einen Zuschlag für die Wochenenden.

Katharina, können wir am kommenden Mittwoch vielleicht eine Schulung für die Interessierten durchführen? Ich hätte ab 18:00 Uhr Zeit und könnte auch die Hochdruckreiniger mitbringen.

Gruß

Niko

6

Ich denke, das passt. Wir schauen auf jeden Fall, wer am Mittwoch kommen kann.

Heute Abend kann ich dir bestimmt schon mehr sagen.

Bis später und Gruß

Katharina

Zweiter Schritt: Einsatzplan und mögliche Kandidaten
Aufgaben 1–3, Seite 72

1

Hallo zusammen, gute Nachrichten: Es gibt mehr Arbeit!

Hier kurz die Daten:

Wir brauchen mindestens vier Personen für eine kleine Fabrik an den Samstagen. Die Uhrzeit ist flexibel, aber die Reinigung wird bestimmt fünf bis sechs Stunden dauern.

Dann brauchen wir zwei Leute für ein Restaurant. Die Reinigung findet vormittags statt und dauert wahrscheinlich drei Stunden, wenn sich zwei Personen die Arbeit teilen.

Außerdem gibt es noch eine Arztpraxis, die gegen Abend gereinigt werden soll, jeden Tag in der Woche, vermutlich auch etwa drei Stunden für zwei Personen.

Für alle Einsätze gibt es 10% mehr Lohn und für die Wochenendarbeit in der Fabrik und im Restaurant einen Zuschlag. Ihr müsstet allerdings nächsten Mittwoch ab 18:00 Uhr an einer kleinen Schulung teilnehmen.

Wer hat Interesse? Bitte meldet euch schnell.

VG

Dambisa

2

Hallo Dambisa,

ich hätte Zeit und Lust, das Restaurant zu putzen. Bitte sag Bescheid, ob das möglich ist.

Danke und VG

Gabriella

3

Hallo Dambisa,

ich könnte Einsätze in der Arztpraxis und der Fabrik übernehmen. Die Schulung am Mittwoch ist auch kein Problem.

VG

Thomas

Dritter Schritt: Eine Krankheitsvertretung organisieren
Aufgaben 1–4, Seite 73

1

Hallo zusammen,

ich habe mir leider eine Grippe eingefangen und darf bis zum nächsten Montag nicht arbeiten. Mein Arzt hat mich die ganze Woche krankgeschrieben. Es tut mir sehr leid und ich hoffe, dass ich am Montag wieder fit bin.

VG

Thomas

2

Hallo zusammen,

erst einmal gute Besserung an Thomas. Pass gut auf dich auf, damit es dir schnell wieder besser geht!

Für die anderen: Könnte jemand von euch Thomas' Schichten in der Arztpraxis und der Fabrik übernehmen? Mo-Fr 19:00 bis 22:00 Uhr und Sa 08:00 bis 14:00 Uhr?

Danke und VG

Dambisa

3

Hallo Dambisa, hallo Thomas,

ich kann das diese Woche machen, keine Sorge. Es gibt nur ein kleines Problem mit Samstag: Ich muss meine Schwester früh morgens zum Flughafen fahren und könnte erst so gegen 10:00 Uhr in der Fabrik sein. Ist das vielleicht möglich?

VG

Gabriella

4

Hallo zusammen,

Gabriella, du bist ein Schatz, das hilft uns sehr!

Samstag ist kein Problem, du kannst einfach später kommen. Denk nur daran, dass du wahrscheinlich als Letzte dort bist und alles abschließen musst.

1000 Dank und viele Grüße

Katharina

Vierter Schritt: Anweisungen einer neuen Kundin
Aufgaben 1–5, Seite 74

1

Von: vorname.nachname@email.com
An: info@empfaenger.de
Betreff: Reinigung unserer Kanzlei am Alten Markt 5

Sehr geehrter Herr Dahlmeier,

vielen Dank für das freundliche Telefonat. Ich beschreibe Ihnen im Folgenden nochmal kurz unsere Anwaltskanzlei und die gewünschten Reinigungstätigkeiten: Die Kanzlei verfügt über einen Empfang mit Wartebereich, einen kleinen Konferenzraum, drei Büros für unsere Anwälte, einen Akten- und Kopierraum, eine kleine Küche sowie zwei Toilettenräume. Sämtliche Räume sollen unter der Woche abends (ab 18:00 Uhr) gereinigt werden. Wir wünschen uns ebenfalls, dass die Fenster einmal pro Woche geputzt werden, den Tag dafür können Ihre Mitarbeiter/innen frei wählen. Wir suchen im Gebäude (5 Büroetagen) außerdem jemanden für die Reinigung des Treppenhauses. Das müsste freitags erledigt werden und wir würden uns freuen, wenn Ihre Firma auch diese Aufgabe übernehmen könnte. Sollten Sie weitere Fragen zu den Einsätzen haben, sprechen Sie mich gern an. Ansonsten warte ich auf den Vertrag und freue mich auf unsere Zusammenarbeit.

Herzliche Grüße

Lena Krueger

2

Hallo ihr zwei,

ich habe eben die Bestätigung von der Anwaltskanzlei bekommen. Wir brauchen dort ab nächstem Montag zwei Reinigungskräfte, die abends ab 18:00 Uhr putzen (ca. 2 Stunden). Freitags brauchen wir eine zusätzliche Person für das Treppenhaus, oder jemand aus dem Team macht das am Nachmittag. Die Fenster müssen auch einmal pro Woche geputzt werden, da brauchen wir entweder eine zusätzliche Person, oder jemand aus dem Team muss länger arbeiten.

Kriegt ihr das hin?

Vielen Dank und Gruß

Niko

3

Hallo Niko,

ich bin nicht ganz sicher, ob wir das so organisieren können. Wir sind schon ziemlich ausgelastet. Mir fällt eigentlich nur Gabriella ein, die abends vielleicht noch Zeit hat, aber sie kann das nicht allein machen. Dambisa, hast du vielleicht eine Idee? Kennst du jemanden, der zuverlässig ist und gern mehr arbeiten möchte?

VG

Katharina

4

Hallo zusammen,

Gabriella hat mich letztens gefragt, ob wir nicht auch einen Job für ihre Schwester hätten. Wenn sie selbst in der Kanzlei putzen möchte, könnte sie ihre Schwester vielleicht gleich mitnehmen und einweisen.

Was denkt ihr?

VG

Dambisa

5

Das klingt nach einer guten Idee, vielen Dank!

Katharina, kannst du die Schwester von Gabriella dann bitte kontaktieren und zu einem Gespräch einladen? Wir brauchen dafür auch einen Probevertrag. Es wäre toll, wenn sie schon nächste Woche vorbeikommen könnte.

Nochmals vielen Dank euch beiden und VG

Niko

Vorschläge zur Änderung

Hallo zusammen,

es tut mir leid, aber ich kann diese Woche leider keine zusätzlichen Schichten übernehmen, da ich sowieso schon jeden Tag acht Stunden putze. Am Samstag bin ich nicht in der Stadt, das geht also auch nicht.

Ich hoffe, dass jemand anders Thomas vertreten kann.

Gute Besserung und VG

Gabriella

Hallo Katharina,

wie es aussieht, haben wir niemanden für Thomas' Einsätze. Alle anderen arbeiten selbst zu seinen Zeiten. Wenn wir die Termine nicht absagen wollen, brauchen wir ganz schnell eine neue Person für nächste Woche. Weißt du vielleicht jemanden?

LG

Dambisa

Hallo nochmal,

mir ist gerade eingefallen, dass wir ja schon mal über meine Schwester gesprochen haben. Sie würde auch gern bei Dahlmeier arbeiten und hat nächste Woche Zeit.

Ich weiß, das ist jetzt etwas kurzfristig, aber vielleicht kann sie Thomas' Schichten übernehmen? Hier ist ihre Nummer, falls euch das weiterhilft: 0156-112233

VG

Gabriella

Liebe Frau Lopez,

ich bin Katharina Graf vom Reinigungsservice Dahlmeier. Gabriella hat uns gesagt, dass Sie gerne für uns arbeiten möchten. Hätten Sie kurzfristig Interesse?

Vielen Dank im Voraus und schöne Grüße

Katharina Graf

Liebe Frau Lopez,

wie schön, dass Sie in Zukunft für uns arbeiten werden, willkommen im Team! Mein Name ist Dambisa Tione und ich organisiere mit Katharina Graf die Einsatztermine.

Daher auch direkt meine Frage: Wir suchen dringend ab nächster Woche eine Reinigungskraft für je 3 Stunden abends in einer Arztpraxis und am Samstag für 6 Stunden in einer Fabrik.

Es ist immer mindestens ein Kollege dabei, der Ihnen alles zeigen kann.

Könnten Sie zunächst diese Termine übernehmen? Vielen Dank für eine kurze Antwort und herzliche Grüße

Dambisa Tione

Szenario C Vertretung gesucht

Erster Schritt:	Versuch, das Problem selbstständig mit den Kollegen zu lösen Aufgaben 1–6, Seite 76

1

Ihr Lieben,

ich habe ein Riesenproblem: Meine Schwester hatte einen Unfall mit dem Fahrrad. Es ist zwar nichts Schlimmes passiert, aber sie ist im Krankenhaus und kommt am Montag nach Hause. Ich möchte gern nach Berlin fahren, um ihr zu helfen. Könnte vielleicht jemand von euch meine Schichten in der nächsten Woche übernehmen? Ich weiß, dass ihr alle viel zu tun habt, aber es ist wirklich wichtig. Ich springe auch gern demnächst für euch ein.

Liebe Grüße

Malaika

2

Hallo Malaika,

oh je, das tut mir sehr leid für euch. Ich kann aber nicht schon wieder doppelte Schichten machen. Immerhin bin ich nächste Woche immer im Spätdienst. Tagsüber muss ich andere Dinge erledigen, Montag habe ich einen Arzttermin und am Dienstag muss ich einem Freund beim Renovieren helfen. Der Rest der Woche sieht auch nicht gut aus.

Sorry und VG

Fritz

3

Hallo Malaika,

ich hoffe sehr, dass sich deine Schwester gut erholt und verstehe natürlich, dass du ihr helfen willst. Nur leider kann ich nächste Woche gar nicht im Altona arbeiten, weil ich schon bei einem Catering-Service zugesagt habe. Du weißt ja, dass Messe ist. Wenn ich das jetzt absage, verliere ich meinen Job dort.

Es tut mir wirklich leid. Vielleicht fragst du Frieda mal, was man da machen kann. Ich drücke dir die Daumen.

VG

Tina

4

Hallo Malaika,

ich kann für dich arbeiten. Montag und Dienstag ist kein Problem. Aber wir müssen erst Frieda fragen.

VG

Mike

5

Hallo zusammen,

danke für eure Antworten. Fritz, kannst du deine Termine nicht ausnahmsweise verschieben? Ich würde dich nicht bitten, wenn es nicht so wichtig wäre, und ich verspreche dir, dass ich in der übernächsten Woche zwei Abende für dich arbeiten kann. Dann hättest du ganz frei.

Tina, hast du wirklich alle Tage für den Catering-Service reserviert? Ein Tag Vertretung würde mir schon helfen.

Mike, vielen Dank für dein Angebot, ich werde Frieda fragen.

VG

Malaika

6

Es tut mir wirklich leid, aber ich arbeite von Mittwoch bis Sonntag auf der Messe und muss Montag und Dienstag auf jeden Fall zur Uni. Ich bin aber sicher, dass Frieda eine Lösung findet.

LG

Tina

7

Ich schaffe das echt nicht in der Woche. Frieda wird schon jemanden finden.

Gruß

Fritz

Dritter Schritt: E-Mail-Verkehr mit der Personalleiterin
Aufgaben 1–5, Seite 77

1

Von: vorname.nachname@email.com
An: info@empfaenger.de
Betreff: Personalausfall in KW 25, Vertretung benötigt

Liebe Frau Schneider,

wir haben in der kommenden Woche leider ein Problem mit den Personaleinsätzen im Restaurant. Unsere Auszubildende, Malaika Hadrawi, muss dringend nach Berlin zu ihrer Schwester reisen, weil diese am Montag aus dem Krankenhaus kommt und Unterstützung braucht. Das bedeutet, dass Frau Hadrawi die ganze Woche ausfällt. Herr Hochberger und Frau Sellmann stehen ebenfalls nicht zur Verfügung. Ich habe mit beiden gesprochen. Nur Herr Turner hätte Zeit, um Frau Hadrawi zu vertreten, aber Sie wissen, dass er sprachlich noch Schwierigkeiten hat und die Gäste dann manchmal etwas ungeduldig werden. Auf der anderen Seite spricht er perfekt Englisch, was für viele Messegäste sicherlich nützlich ist. Natürlich kann ich mich auch an eine Agentur für Personalservice wenden, um eine Vertretung zu bekommen. Bitte teilen Sie mir kurz mit, wie ich vorgehen soll.

Vielen Dank im Voraus und herzliche Grüße

Frieda Merkle

2

Von: vorname.nachname@email.com
An: info@empfaenger.de
Betreff: RE: Personalausfall in KW 25, Vertretung benötigt

Liebe Frau Merkle,

vielen Dank für Ihre Nachricht.

Ich glaube, wir sollten uns direkt an einen Personalservice wenden. Herr Turner ist zwar freundlich und fleißig, aber es bereitet mir Kopfschmerzen, ihn allein im Restaurant arbeiten zu lassen, besonders wenn wir viele Gäste erwarten und die anderen Kolleg/innen ihm nicht immer helfen können.

Daher bitte ich Sie, sich mit der Firma Gastroplan in Verbindung zu setzen. Wie Sie wissen, hatten wir aber auch mit den Mitarbeiter/innen von Gastroplan in der Vergangenheit schon Schwierigkeiten. Entsprechend laden Sie eine mögliche Aushilfskraft bitte vorher zu einem Gespräch ein, damit es da keine bösen Überraschungen gibt.

Ich höre dann von Ihnen.

Schöne Grüße

Gertrud Schneider

3

Von: vorname.nachname@email.com
An: info@empfaenger.de
Betreff: RE:RE: Personalausfall in KW 25, Vertretung benötigt

Liebe Frau Schneider,

vielen Dank für die schnelle Antwort. Ich werde mich darum kümmern und melde mich wieder, sobald ich jemanden gefunden habe.

Herzliche Grüße

Frieda Merkle

4

Von: vorname.nachname@email.com
An: info@empfaenger.de
Betreff: Ihr Sonderurlaub in KW 25

Liebe Frau Hadrawi,

ich habe eben von Frau Merkle erfahren, dass Sie dringend Sonderurlaub benötigen. Es tut mir sehr leid für Ihre Schwester und ich hoffe, dass es ihr bald besser geht. Frau Merkle wird sich um einen Ersatz kümmern, sodass Sie in der kommenden Woche Urlaub nehmen können. Bitte schicken Sie mir schon einmal einen ausgefüllten Urlaubsantrag und verstehen Sie bitte, dass ich diesen erst genehmigen kann, wenn ein Ersatz gefunden ist.

Herzliche Grüße

Gertrud Schneider

5

Von: vorname.nachname@email.com
An: info@empfaenger.de
Betreff: RE: Ihr Sonderurlaub in KW 25

Liebe Frau Schneider,

ganz herzlichen Dank für Ihre Hilfe. Ich habe mich sehr über Ihr Verständnis gefreut und es tut mir leid, dass ich Ihnen diese Umstände mache. Hoffentlich kann das Problem schnell gelöst werden.

Im Anhang finden Sie meinen Urlaubsantrag für die kommende Woche.

Schöne Grüße

Malaika Hadrawi

Vierter Schritt: Kontakt zur Agentur für Zeitarbeit
Aufgaben 1–3, Seite 78

1

Von: vorname.nachname@email.com
An: info@empfaenger.de
Betreff: Servicemitarbeiter/in für das Restaurant im Hotel Altona, KW 25

Sehr geehrter Herr Baumeister,

ich wende mich mit einer dringenden Bitte an Sie:

Wir suchen für unser Restaurant kurzfristig eine Vertretung im Service, und zwar in der kommenden Woche Montag bis Mittwoch sowie Freitag von 08:00 bis 17:00 Uhr. Es ist auch möglich, dass verschiedene Personen die Schichten übernehmen. Ich würde allerdings gern zuvor ein Gespräch mit Ihren Mitarbeiter/innen führen, um sicherzugehen, dass es keine Schwierigkeiten gibt. Das Restaurant ist wegen der Messe an allen Tagen ausgebucht und wir können uns keine Fehler erlauben. Das verstehen Sie sicher, da wir bei unserer letzten Zusammenarbeit Beschwerden wegen eines unfreundlichen Mitarbeiters bekommen haben. Außerdem ist jemand aus Ihrem Team unpünktlich erschienen, was ebenfalls Probleme im Ablauf verursacht hat.

Ich gehe davon aus, dass es diesmal keine Schwierigkeiten gibt, freue mich auf Ihre Vorschläge und ein ausführliches Angebot und bedanke mich im Voraus für eine zeitnahe Antwort.

Herzliche Grüße

Frieda Merkle

2

Von: vorname.nachname@email.com
An: info@empfaenger.de
Betreff: RE: Servicemitarbeiter/in für das Restaurant im Hotel Altona, KW 25

Sehr geehrte Frau Merkle,

vielen Dank für Ihre Anfrage. Ich freue mich, Ihnen Folgendes anbieten zu können:

Wir stellen in der 25. Kalenderwoche je eine Servicemitarbeiterin für Montag bis Mittwoch und Freitag von 08:00 bis 17:00 Uhr. Die Mitarbeiterin übernimmt die übliche Servicetätigkeit im Restaurant des Hotels Altona. Mögliche Mitarbeiterinnen erscheinen vorher im Restaurant zum Gespräch mit der Schichtleitung (Vorschlag: 14.06.20xx um 15:00 Uhr).

Pro Tag berechnen wir 150,00 Euro (inkl. 19% MWST und Anfahrt).

Wir bedauern die Unannehmlichkeiten mit unseren Mitarbeiter/innen in der Vergangenheit und versichern Ihnen, dass wir dieses Mal dafür sorgen, qualifizierte und zuverlässige Mitarbeiterinnen zur Verfügung zu stellen.

Bei Fragen sprechen Sie mich gern an.

Einen schönen Tag und herzliche Grüße

Otto Baumeister

3

Von: vorname.nachname@email.com
An: info@empfaenger.de
Betreff: RE:RE: Servicemitarbeiter/in für das Restaurant im Hotel Altona, KW 25

Sehr geehrter Herr Baumeister,

ich freue mich, Ihnen mitteilen zu können, dass wir eine Ihrer Mitarbeiterinnen für o.g. Einsätze ausgewählt haben. Das Gespräch verlief zu unserer Zufriedenheit und wir sind zuversichtlich, dass Frau Diene Ihre Einsätze zuverlässig erledigen wird.

Schicken Sie mir bitte so schnell wie möglich den Überlassungsvertrag, sodass wir den Auftrag erteilen können.

Vielen Dank für Ihr Bemühen und auf eine weitere gute Zusammenarbeit!

Herzliche Grüße

Frieda Merkle

Vorschläge zur Änderung

Von: vorname.nachname@email.com
An: info@empfaenger.de
Betreff: Urlaub für Frau Hadrawi und Vertretungsplan KW 25

Liebe Frau Schneider,

unsere Auszubildende, Malaika Hadrawi, muss in der kommenden Woche leider in einer dringenden Familienangelegenheit nach Berlin reisen und benötigt dafür Sonderurlaub. Ich habe bereits mit den Mitarbeiter/innen gesprochen und schlage folgenden Vertretungsplan vor:

Am Montag und Dienstag übernimmt Herr Turner die Schichten von Frau Hadrawi, weil niemand anders zur Verfügung steht. Frau Sellmann vertritt Frau Hadrawi am Mittwoch und Herr Hochberger arbeitet zusätzlich am Freitag in der Tagschicht. Auf diese Weise hätten wir alle Stunden auf die Kolleg/innen verteilt.

Sind Sie damit einverstanden?

Vielen Dank im Voraus und herzliche Grüße

Frieda Merkle

Von: vorname.nachname@email.com
An: info@empfaenger.de
Betreff: RE: Urlaub für Frau Hadrawi und Vertretungsplan KW 25

Liebe Frau Merkle,

vielen Dank für die Informationen. Ich bin froh, dass Sie selbstständig eine Lösung gefunden haben, muss aber leider wegen Herrn Turner Bedenken äußern. Glauben Sie, dass Herr Turner allein eine Station übernehmen kann, wenn wir Hochbetrieb haben? Es ist sicherlich nützlich, dass er Englisch spricht, aber wenn er mit den Gästen auf Deutsch sprechen muss, bin ich nicht sicher, ob er jede Situation meistern kann.

Vielleicht können Sie ihm nochmal genau erklären, worauf es ankommt und ihm eine Checkliste mit seinen Aufgaben an die Hand geben. Ich hoffe, dass er dann einigermaßen zurechtkommt.

Mit freundlichen Grüßen

Gertrud Schneider

Checkliste für Mike Turner

Frühstücksservice:

- Beginn um 08:00 Uhr
- Tische beobachten und gebrauchtes Geschirr sofort abräumen
- Service anbieten („Ist alles gut bei Ihnen?" „Kann ich Ihnen vielleicht noch etwas bringen?" usw.)
- Tisch sofort abräumen, wenn Gäste gehen
- Tisch immer abwischen und neu eindecken
- zwischendurch immer mal am Buffet schauen, ob alles ordentlich und sauber ist
- in der Küche Bescheid sagen, wenn etwas fehlt

Umbau:

- Buffet wird ab 10:00 Uhr abgebaut
- Tische für Lunch ab 11:00 Uhr eindecken (Gläser kontrollieren und nachpolieren!)

Lunch:

- Mittagskarten bereitlegen
- Brotkörbe vorbereiten
- Beginn um 12:00 Uhr
- Essen à la carte
- Mittagsmenüs anbieten und erklären
- bei Sonderwünschen immer zuerst in der Küche fragen, ob das möglich ist
- Menü 2 ist vegetarisch, aber nicht vegan
- Tisch sofort abräumen, wenn Gäste gehen
- Tisch immer abwischen und neu eindecken
- Ende gegen 14:30 (Personalessen möglich)

15:00–17:00 Uhr:

- Restaurant geschlossen, Gäste können Kaffee und Kuchen an der Bar und in der Lobby bekommen
- Tische gründlich säubern und für den Abend vorbereiten
- Besteck und Gläser polieren und einräumen
- Tischdekoration auf die Tische stellen (Blumengesteck und Kerzen)
- Abendkarten herausholen
- Brotkörbe vorbereiten
- Station sauber und vorbereitet an Spätschicht übergeben

Von: vorname.nachname@email.com
An: info@empfaenger.de
Betreff: Abwesenheit am Donnerstag, 21.06.20xx

Sehr geehrte Damen und Herren,

hiermit möchte ich mich für Donnerstag, den 21.06.20xx, vom Unterricht in der Berufsschule abmelden. Ich muss in einer dringenden Familienangelegenheit nach Berlin reisen und kann daher nicht am Unterricht teilnehmen.

Mit freundlichen Grüßen

Malaika Hadrawi

Von: vorname.nachname@email.com
An: info@empfaenger.de
Betreff: Mein Sonderurlaub in KW 25

Sehr geehrte Frau Schneider,

ich bedanke mich herzlich dafür, dass Sie meinen Sonderurlaub in der kommenden Woche genehmigt haben.

Natürlich weiß ich, dass meine Abwesenheit Ihnen zusätzliche Arbeit bereitet, und dafür möchte ich mich entschuldigen. Wenn es nicht so wichtig wäre, dass sich jemand um meine Schwester kümmert, würde ich selbstverständlich in Hamburg bleiben und arbeiten.

Ich bin sicher, dass meine Kollegen die Woche gut bewältigen werden. Ich werde mich demnächst für die spontane Hilfe revanchieren. Wenn Sie in Zukunft einmal meine Hilfe brauchen, stehe ich Ihnen gern zur Verfügung.

Nochmal vielen Dank und viele Grüße

Malaika Hadrawi

Szenario D
Herzlich willkommen zum Betriebsfest!

Erster Schritt:	Rundmail an die Mitarbeiter zur Organisation der Veranstaltung Aufgaben 1–5, Seite 80

1

Von: vorname.nachname@email.com
An: info@empfaenger.de
Betreff: Betriebsfeier am 18.12.20xx

Liebe Kolleginnen und Kollegen,

es ist wieder so weit: Passend zur Weihnachtssaison feiern wir ein weiteres erfolgreiches Geschäftsjahr in unserer Filiale am Markt mit euch und unseren Stammkunden. Glücklicherweise ist der 18.12. in diesem Jahr ein Sonntag, sodass wir keine Geschäftszeiten einplanen müssen. Wir können also in aller Ruhe feiern und würden uns freuen, wenn ihr euch wie jedes Jahr tatkräftig daran beteiligt.

Damit es wieder ein schönes Fest wird, brauchen wir Essen (am besten Snacks und Fingerfood), Getränke, Musik, ein kleines Unterhaltungsprogramm für unsere Kunden, Dekoration, Tische und Stühle sowie Einladungskarten. Es wäre toll, wenn ihr auch in diesem Jahr wieder helfen könntet, das alles zu organisieren.

Deshalb bitte ich euch, mir so schnell wie möglich zu schreiben, ob ich mit euch rechnen darf und was ihr übernehmen könntet.

Ich freue mich auf eure Ideen!

Vielen Dank und schöne Grüße

Margaret Koch

2

Von: vorname.nachname@email.com

An: info@empfaenger.de

Betreff: RE: Betriebsfeier am 18.12.20xx

Liebe Margaret,

das ist ja toll, vielen Dank für die Einladung. Ich freue mich schon auf das Fest, obwohl es noch ein bisschen dauert.

Wenn es in Ordnung ist, würde ich mich gern um die Einrichtung kümmern. Ich habe im letzten Jahr die Tische und Stühle für meine ehemalige Filiale bestellt und am Tag der Veranstaltung zusammen mit den Kolleginnen alles aufgebaut und dekoriert. Das kann ich gern auch hier in meiner neuen Filiale übernehmen.

Vielleicht dekorieren wir dieses Mal alles in Silberfarben? Ich denke, dass passt gut zur Jahreszeit und auch zu unserer aktuellen Winterkollektion.

Viele Grüße

Florian

3

Von: vorname.nachname@email.com

An: info@empfaenger.de

Betreff: RE: Betriebsfeier am 18.12.20xx

Liebe Margaret,

ich bedanke mich herzlich für die nette Einladung und bin natürlich auch in diesem Jahr gerne wieder mit dabei.

Mein Beitrag wäre, in diesem Jahr die Einladungen an unsere Stammkunden zu schreiben. Dafür bräuchte ich nur eine Liste mit den Kunden, die kommen sollen. Ich kann dir vorher einen Entwurf für die Einladung schicken und du schaust, ob er dir gefällt.

Außerdem denke ich, dass wir wieder eine kleine Modenschau veranstalten sollten. Das hat den Kunden im letzten Jahr gut gefallen und passt zu unserem Geschäft. Entweder zeigen wir die Ware für den Winterschlussverkauf oder vielleicht sogar schon etwas für den Frühling.

Was meinst du?

Viele Grüße

Melanie

4

Von: vorname.nachname@email.com

An: info@empfaenger.de

Betreff: RE: Betriebsfeier am 18.12.20xx

Liebe Margaret,

wie schön, dass du dich auch in diesem Jahr wieder um das Fest in der Filiale kümmerst. Ich komme gerne und habe mich sehr über die Einladung gefreut.

Da ich ja im Büro arbeite, ist es vielleicht hilfreich, wenn ich Kontakt zu ein paar Cateringfirmen aufnehme. Von hier aus kann ich sicher besser und schneller Angebote einholen und Preise etc. verhandeln.

Wenn du noch einen Vorschlag für die Musik brauchst, könnte ich den DJ Luis Vegas empfehlen. Er hat letztens bei der Hochzeit eines Freundes die Musik gemacht und das war richtig gut. Seine Auswahl ist riesig und er geht sehr gerne auf die Wünsche der Veranstalter ein. Wenn du möchtest, frage ich ihn, ob er verfügbar ist.

Schöne Grüße

Marie

5

Von: vorname.nachname@email.com

An: info@empfaenger.de

Betreff: Betriebsfeier am 18.12.20xx; Aufgaben

Liebe Kolleginnen und Kollegen,

es freut mich sehr, dass ihr alle dabei seid und schon so viele Vorschläge zum Ablauf gemacht habt. Vielen Dank für euer Engagement!

Hier kommt nun eine kurze Übersicht über die einzelnen Verantwortlichen:

Florian: Du bestellst bitte Tische und Stühle und kümmerst dich um Dekorationsgegenstände. Wir brauchen Sitzplätze für ca. 50 Personen und ein paar Stehtische.

Melanie: Du findest im Anhang die Liste mit den Stammkunden, die wir einladen wollen. Darauf stehen auch die Uhrzeit und ein paar weitere Informationen. Ich bin gespannt auf deinen Entwurf für die Einladung.

Dann finde ich die Modenschau mit den Artikeln für den WSV besser, weil der ja wirklich kurz nach dem Fest beginnt. Am besten fragen wir wieder unsere

Aushilfen, ob sie die Stücke vorführen möchten und legen wieder einen Teppich von der Umkleide bis in die Mitte des Verkaufsraums. Melanie, fragst du die Aushilfen bitte, ob sie Lust dazu haben? Sie können natürlich auch mitfeiern.

Marie: Es wäre großartig, wenn du bis Anfang nächster Woche einen Caterer finden könntest und mir dann das Angebot schickst. Den DJ kannst du auch gern buchen.

Wenn ihr bei irgendetwas meine Hilfe braucht, könnt ihr euch jederzeit melden.

Bis bald und viele Grüße

Margaret

Zweiter Schritt: Verhandlung mit der Catering-Firma
Aufgaben 1–5, Seite 80

1

Von: vorname.nachname@email.com
An: info@empfaenger.de
Betreff: Anfrage für Catering bei der Betriebsfeier in der Lamedo-Filiale am Markt (18.12.20xx)

Sehr geehrte Damen und Herren,

die Firma Lamedo lädt am 18.12.20xx ihre Stammkunden und Mitarbeiter/innen zur Betriebsfeier in die Verkaufsfiliale am Markt ein. Das Fest findet zwischen 17:00 und ca. 23:00 Uhr statt.

Wir erwarten etwa 80 Gäste und würden gern kein klassisches Abendessen, sondern eher eine Auswahl verschiedener Snacks und Fingerfood servieren. Dazu sollte es Sekt, Wein, Bier und Softgetränke geben. Bitte beachten Sie auch, dass wir in der Filiale weder große Kühlschränke noch Geschirr und Gläser haben.

Ich bitte um ein ausführliches Angebot mit genauen Vorschlägen für die Speisen. Der Kostenrahmen liegt bei 4.000 Euro.

Im Voraus vielen Dank für Ihr Bemühen.

Mit freundlichen Grüßen

Marie Strasser

2

Von: vorname.nachname@email.com
An: info@empfaenger.de
Betreff: RE: Anfrage für Catering bei der Betriebsfeier in der Lamedo-Filiale am Markt (18.12.20xx)

Sehr geehrte Frau Strasser,

herzlichen Dank für Ihre Anfrage. Gerne bieten wir Ihnen das Folgende an:

Aktuell beliebtes Fingerfood:

- Mini-Falafel mit verschiedenen Dips (vegan)
- Spargel-Schinken-Röllchen
- Blumenkohl frittiert nach Tempura-Art (vegetarisch)
- Mini-Burger (Rind und/oder Gemüse)
- Canapés mit Gurkenmousse (vegetarisch), Thunfisch auf Dillsahne, Tomatenpaste (vegetarisch), Avocadocreme (vegetarisch), Hühnchen in Honig-Senfsauce, Sardellen auf Olivenpaste, Kichererbsenpüree (vegan), Shrimps mit Fenchel
- asiatische Reisbällchen (mit Fisch und/oder Gemüse)
- Antipasti-Spieße (Gegrilltes Gemüse, Pilze, Tomate/Mozzarella, Salami/Fenchel, Schinken/Melone)
- Cakepops (versch. Sorten, auf Wunsch auch vegan)

Snacks:

Unsere Spezialität sind Crustini (italienisches Weißbrot aus dem Ofen) mit unterschiedlichen Belägen, warm oder kalt, z. B. Ziegenkäse mit Walnüssen und Honig, Tomate-Rucola, Pecorino, Schinken und Frühlingszwiebeln, überbacken mit Tiroler Bergkäse oder Erbsenpüree (vegan)

Weitere Ideen für Ihre Feier entnehmen Sie bitte der Liste im Anhang. Dort finden Sie auch alle Preise pro Portion sowie die Leihgebühr für Geschirr, Gläser und Kühlgeräte/Zapfanlagen. Getränke bieten wir pauschal pro Gast oder einzeln nach Flaschen/Fässern an. Die Anlieferung und Abholung ist im Gesamtpreis enthalten.

Sollten Sie weitere Fragen zu unserem Angebot haben, sprechen Sie mich gerne an.

Mit freundlichen Grüßen

Jennifer Krakowski

3

Von: vorname.nachname@email.com
An: info@empfaenger.de
Betreff: RE:RE: Anfrage für Catering bei der Betriebsfeier in der Lamedo-Filiale am Markt (18.12.20xx)

Liebe Frau Krakowski,

vielen Dank für das interessante Angebot. Wir bestellen wie folgt:

- 50 Einheiten Mini-Falafel mit verschiedenen Dips
- 50 Einheiten Blumenkohl frittiert nach Tempura-Art (vegetarisch)
- 120 Mini-Burger (Rind)
- 80 Canapés mit Gurkenmousse
- 80 Canapés Thunfisch auf Dillsahne
- 80 Canapés Avocadocreme
- 80 Canapés Hühnchen in Honig-Senfsauce
- 80 Canapés Kichererbsenpüree
- 80 asiatische Reisbällchen (mit Fisch und Gemüse)
- 200 Antipasti-Spieße
- 80 Crustini Ziegenkäse
- 80 Crustini Schinken und Frühlingszwiebeln

Dazu benötigen wir 160 mittelgroße, weiße Teller, 50 Weingläser, 80 Sektgläser, 50 Biergläser und 150 Wasser-/Saftgläser. Hinzu kommen zwei Getränkekühlschränke. Die Getränke bestellen wir gemäß Ihrem Pauschalangebot.

Bitte bestätigen Sie kurz, dass Sie die Bestellung erhalten haben.

Vielen Dank und herzliche Grüße

Marie Strasser

4

Von: vorname.nachname@email.com
An: info@empfaenger.de
Betreff: RE:RE:RE: Anfrage für Catering bei der Betriebsfeier in der Lamedo-Filiale am Markt (18.12.20xx)

Liebe Frau Strasser,

wir freuen uns, dass Sie unser Unternehmen gewählt haben und bestätigen Ihnen hiermit folgende Leistungen:

- Speisen wie in Bestellung (Nr. 1234)
- Getränkepaket pauschal (18,00 Euro pro Gast)
- Anlieferung und Abholung von Speisen, Getränken sowie Geschirr etc. (gemäß Bestellung Nr. 1234)
- Liefertermin: 18.12.20xx um 16:00 Uhr
- Zusätzliche Leistungen: Aufbau des Buffets und Befüllen der Kühlschränke sowie Abholung Geschirr etc. 19.12.20xx um 10:00 Uhr
- Lieferadresse: Lamedo Bekleidungsgeschäft, Am Markt 5
- Preis (gesamt): 3.865,00 Euro (zzgl. 19% MWST)

Bitte prüfen Sie das Bestellformular im Anhang und senden Sie es uns unterschrieben zurück.

Vielen Dank für Ihren Auftrag.

Mit freundlichen Grüßen

Jennifer Krakowski

5

Von: vorname.nachname@email.com
An: info@empfaenger.de
Betreff: RE: RE:RE:RE: Anfrage für Catering bei der Betriebsfeier in der Lamedo-Filiale am Markt (18.12.20xx)

Liebe Frau Stankowski,

im Anhang finden Sie das unterschriebene Bestellformular für unsere Betriebsfeier (Bestellnummer 1234). Wir freuen uns auf Ihre Köstlichkeiten und verbleiben

mit freundlichen Grüßen

Lamedo GmbH, i.A. Marie Strasser

Dritter Schritt: Vorbereitung der Einrichtung, Auswahl der Musik und Versand der Einladungen
Aufgaben 1–5, Seite 81

1

Von: vorname.nachname@email.com
An: info@empfaenger.de
Betreff: Möblierung für Betriebsfeier der Lamedo GmbH (18.12.20xx am Markt 5)

Sehr geehrte Damen und Herren,

wir benötigen bitte für o.g. Veranstaltung folgende Gegenstände:

- 8 mittelgroße Esstische
- 6 Stehtische
- 50 Stühle
- 3 lange Tische für die Bar

Ich wäre Ihnen dankbar für eine kurze Information zu den Gebühren für die Gegenstände und deren Anlieferung/Abholung.

Mit freundlichen Grüßen

Florian Horn

2

Von: vorname.nachname@email.com
An: info@empfaenger.de
Betreff: DJ für Betriebsfeier am 18.12.20xx von 18:00 bis 22:00 Uhr

---

Sehr geehrter Herr Vegas,

Sie haben kürzlich auf der Hochzeit eines Freundes die Musik gemacht, und mein Freund war sehr zufrieden mit Ihrem Programm. Daher würde ich gern anfragen, ob Sie auf unserer Betriebsfeier am 18.12.20xx ebenfalls auftreten möchten. Das Fest findet von ca. 17:00 bis 23:00 Uhr statt, aber Musik brauchen wir vermutlich nur zwischen 18:00 und 22:00 Uhr. Es sollte zunächst eher Hintergrundmusik gespielt werden, und ab ungefähr 20:00 Uhr Musik zu einer kleinen Modenschau von ca. 30 Minuten. Danach wird voraussichtlich noch getanzt. Wären Sie an o.g. Datum verfügbar? Wenn ja, freue ich mich auf eine Information zu Ihrem Preis.

Einen schönen Tag und viele Grüße

Marie Strasser

3

Von: vorname.nachname@email.com
An: info@empfaenger.de
Betreff: RE: DJ für Betriebsfeier am 18.12.20xx von 18:00 bis 22:00 Uhr

---

Sehr geehrte Frau Strasser,

ich freue mich, Ihnen mitteilen zu können, dass ich am 18.12.20xx zu Ihrer Verfügung stehe. Da ich grundsätzlich mit meiner eigenen Anlage anreise, brauchen Sie sich um nichts weiter zu kümmern. Anlage, Lautsprecher (für Räume bis 300 qm) bringe ich gerne mit.

Für einen Auftritt dieser Art berechne ich pauschal 500,00 Euro (inkl. Anreise, Aufbau und 19% MWST).

Ich hoffe, wir sehen uns bei Ihrer Feier und verbleibe

mit freundlichen Grüßen

Luis Vegas

4

Von: vorname.nachname@email.com
An: info@empfaenger.de
Betreff: RE:RE: DJ für Betriebsfeier am 18.12.20xx von 18:00 bis 22:00 Uhr

---

Sehr geehrter Herr Vegas,

vielen Dank für Ihre Antwort. Gerne erteile ich Ihnen hiermit den Auftrag für Ihren Auftritt am 18.12.20xx in den Räumen der Lamedo GmbH, Am Markt 5, von 18:00 bis 22:00 Uhr.

Es wäre ideal, wenn Sie gegen 16:00 Uhr zum Aufbauen vor Ort wären. Die Gäste kommen ab 17:00 Uhr. Da Sie wahrscheinlich mit dem Auto kommen werden, reserviere ich Ihnen einen Mitarbeiterparkplatz am Hintereingang des Gebäudes (Krämergasse 17). Dort können Sie bequem ausladen und den Wagen stehen lassen. Im Anhang finden Sie eine Anfahrtsskizze.

Ich freue mich auf Ihren Auftritt!

Herzliche Grüße

Marie Strasser

5

Von: vorname.nachname@email.com

An: info@empfaenger.de

Betreff: Einladung zum Betriebsfest der Lamedo GmbH am 18.12.20xx

---

Liebe Kundinnen, liebe Kunden,

auch in diesem Jahr möchten wir uns gern für Ihre Treue bedanken und Sie zu unserem kleinen Fest am Jahresende einladen.

Daher würden wir uns freuen, wenn Sie am 18.12.20xx ab 17:00 Uhr mit uns in der Filiale am Markt feiern. Wir sorgen für Getränke und kleine Speisen, Musik und eine zwanglose Atmosphäre. Als Highlight findet um 20:00 Uhr eine kleine Modenschau unserer aktuellen Winterkollektion statt.

Wir bitten um Ihre Zusage bis zum 15.11.20xx und freuen uns sehr, wenn wir Sie am 18.12.20xx begrüßen dürfen, um mit Ihnen zu feiern.

Mit freundlichen Grüßen

Melanie Dukurs

Vierter Schritt: Checkliste und Bestätigungen
Aufgaben 1–5, Seite 82

1

Von: vorname.nachname@email.com

An: info@empfaenger.de

Betreff: Unser Betriebsfest am 18.12.20xx – Rückfrage zur Planung

---

Liebe Mitarbeiterinnen und Mitarbeiter,

die Weihnachtssaison hat begonnen. Nach einem arbeitsreichen Jahr und vor hoffentlich ruhigen Feiertagen findet bald unser Betriebsfest statt, worauf ich mich schon sehr freue.

Zuerst möchte ich Ihnen allen recht herzlich für Ihre Arbeit im Geschäft und bei der Vorbereitung der Feier danken. Wie immer haben Sie alle einen großen Teil zum Gelingen beigetragen und gezeigt, was für ein tolles Team wir mit Ihnen haben. Nur zur Sicherheit würde ich Sie kurz bitten, mir zu sagen, welche Arbeiten bereits erledigt sind, damit wir nichts vergessen:

- Möblierung und Dekoration
- Speisen und Getränke
- Musik
- Einladungen

Im Voraus vielen Dank. Ich freue mich, auf der Feier mit Ihnen auf dieses erfolgreiche Jahr anzustoßen.

Mit freundlichen Grüßen

Marcel Frenz

2

Von: vorname.nachname@email.com

An: info@empfaenger.de

Betreff: RE: Unser Betriebsfest am 18.12.20xx – Rückfrage zur Planung

---

Lieber Herr Frenz,

das Catering ist bestellt und wird am entsprechenden Tag um 16:00 Uhr geliefert. Die Mitarbeiter des Cateringunternehmens bauen das Buffett und die Kühlschränke auf. Die Getränke werden gekühlt geliefert und nur in die Kühlschränke umgeräumt. Teller und Besteck werden am Buffet bereitgestellt, die Gläser kommen an unsere improvisierte Bar. Außerdem habe ich für den Abend einen beliebten DJ bestellt. Er kommt ebenfalls um 16:00 Uhr, um die Anlage aufzubauen. Eine Playlist haben wir zusammen erstellt, er nimmt aber auch Wünsche entgegen.

Herzliche Grüße

Marie Strasser

3

Von: vorname.nachname@email.com

An: info@empfaenger.de

Betreff: RE: Unser Betriebsfest am 18.12.20xx – Rückfrage zur Planung

---

Lieber Herr Frenz,

ich habe 80 Personen aus unserem Stammkundenkreis eingeladen. Hinzu kommen noch 10 Kolleginnen und Kollegen. 70 Kunden und alle Mitarbeiter/innen haben zugesagt.

Wir werden die Gäste empfangen und mit Getränken versorgen. Das Buffet wird um 17:30 Uhr eröffnet. Vielleicht möchten Sie davor eine kurze Begrüßungsrede halten? Um 19:30 Uhr werden wir die Gäste bitten, sich neben den Teppich zu setzen, um die Modenschau zu sehen. Diese beginnt gegen 20:00 Uhr und dauert etwa 30 Minuten. Das machen wieder unsere Aushilfen. Danach feiern wir bis ca. 22:00 Uhr weiter, sodass wir bis 23:00 Uhr aufräumen können.

Mit freundlichen Grüßen

Melanie Dukurs

4

Von: vorname.nachname@email.com
An: info@empfaenger.de
Betreff: RE: Unser Betriebsfest am 18.12.20xx – Rückfrage zur Planung

---

Sehr geehrter Herr Frenz,

ich habe mich um die Möblierung für das Fest gekümmert. Am 18.12.20xx werden ausreichend Tische und Stühle geliefert, die ich dann zusammen mit Frau Strasser und Frau Dukurs aufbauen und dekorieren werde.

Da die Filiale sowieso noch Winterdekoration hat, werden wir die Tische entsprechend ähnlich gestalten.

Mit freundlichen Grüßen

Florian Horn

5

Betreff: RE:RE: Unser Betriebsfest am 18.12.20xx – Rückfrage zur Planung

Liebe Kolleginnen und Kollegen,

es scheint alles perfekt organisiert zu sein. Nochmals ganz herzlichen Dank für Ihre Mithilfe!

Ich werde mir für den Abend eine Überraschung für Sie alle einfallen lassen und freue mich jetzt schon sehr auf unser gemeinsames Fest.

Bis dahin eine schöne Zeit und herzliche Grüße

Marcel Frenz

Vorschläge zur Änderung

Von: vorname.nachname@email.com
An: info@empfaenger.de
Betreff: Absage Catering am 18.12.20xx – WICHTIG

Sehr geehrte Frau Strasser,

ich muss Ihnen leider mitteilen, dass unser CateringService zu dem vereinbarten Termin am 18.12.20xx nicht zur Verfügung steht.

Es tut mir schrecklich leid, dass ich Ihnen so kurzfristig absagen muss. Wir hatten am vergangenen Wochenende einen Kursschluss in unserer Kühlanlage, der einen Brand im Gebäude ausgelöst hat. Dabei wurde leider ein Teil unserer Einrichtung zerstört, sodass wir im Moment weder einkaufen, noch lagern, noch zubereiten können.

Ich bitte Sie um Verständnis für die Unannehmlichkeiten und wünsche Ihnen trotzdem ein gelungenes Fest und frohe Feiertage.

Mit freundlichen Grüßen

Jennifer Krakowski

Von: vorname.nachname@email.com
An: info@empfaenger.de
Betreff: Catering für Betriebsfeier am 18.12.20xx – EILT

Sehr geehrte Damen und Herren,

leider musste der von uns bestellte Catering-Service aufgrund eines Brandes kurzfristig absagen und nun sind wir auf der Suche nach einem Unternehmen, das vielleicht noch Kapazitäten für den 18.12.20xx hat.

Es handelt sich um eine Betriebsfeier mit 80 Gästen, für die wir kleine Speisen und die üblichen Getränke benötigen. Geschirr und Gläser müssten ebenfalls geliefert werden, ebenso brauchen wir mindestens zwei große Kühlschränke.

Bitte melden Sie sich bei mir, wenn Sie eine Möglichkeit sehen, das Catering für unsere Veranstaltung zu liefern.

Im Voraus vielen Dank und herzliche Grüße

Margaret Koch

Von: vorname.nachname@email.com
An: info@empfaenger.de
Betreff: Vorschlag für das Catering bei unserem Betriebsfest

Hallo zusammen,

ich habe eben von Frau Krakowski, der Inhaberin unseres Cateringunternehmens, erfahren, dass eine Lieferung wie bestellt nicht möglich ist.

Da wir nur noch wenig Zeit haben, schlage ich deshalb Folgendes vor:

Ein Freund von mir besitzt ein kleines Restaurant in der Altstadt und würde sich bereit erklären, uns mit Kleinigkeiten für die Feier zu versorgen. Die Speisen sind wahrscheinlich nicht ganz so vielfältig wie das Angebot von Frau Krakowski, aber wir hätten zumindest etwas zu essen für unsere Gäste und könnten vielleicht auch noch ein paar Kleinigkeiten über einen Lieferservice bestellen.

Da der Weg vom Restaurant zu unserer Filiale nicht so weit ist, könnte ich die fertigen Speisen vor unserer Feier dort abholen. Wir müssten uns in diesem Fall allerdings zusätzlich um Teller und Besteck kümmern, aber die kann man sicher kurzfristig ausleihen.

Wäre das eine Alternative?

Viele Grüße

Marie

Von: vorname.nachname@email.com
An: info@empfaenger.de
Betreff: Bestellung von Lebensmitteln

Sehr geehrte Damen und Herren,

wie telefonisch besprochen bestelle ich hiermit über Ihren Lieferservice Lebensmittel aus dem Sortiment des Supermarktes. Die Bestellliste mit genauen Mengen- und Produktangaben finden Sie im Anhang dieser E-Mail. Bitte liefern Sie die Produkte am kommenden Samstag, 17.12.20xx, während der Geschäftszeiten an unsere Filiale am Markt (Zufahrt Krämergasse 17). Bitte stellen Sie die Rechnung auf die Lamedo GmbH aus.

Mit freundlichen Grüßen

Melanie Dukurs

Bestellliste:

- je 3 Päckchen Emmentaler, Bergkäse, Schafskäse und Camembert
- 1 Stiege gemischte Weintrauben
- 1 Stiege Cocktailtomaten
- 2 Stiegen Mandarinen
- 80 gebratene Frikadellen
- 80 gebratene Hähnchenschenkel
- 5 Liter Kartoffelsalat
- 3 Liter Krabbencocktail
- 15 Stangen Baguette
- 6 Dosen Erdnüsse
- 10 Pakete Salzstangen
- 80 Schokoladennikoläuse
- 5 Päckchen Holzspießchen
- 10 Päckchen Papierservietten

Von: vorname.nachname@email.com
An: info@empfaenger.de
Betreff: Getränkelieferung mit Gläsern und Kühlschränken für Betriebsfeier am 18.12.20xx – DRINGEND

Sehr geehrte Damen und Herren,

wir brauchen dringend einen Getränkelieferanten, der uns am 18.12.20xx kurzfristig mit Sekt, Wein, Bier und Softdrinks für 80 Gäste versorgt. Außerdem werden zwei große Kühlschränke und passende Gläser benötigt.

Wir bitten um ein formloses Angebot und verbleiben

mit freundlichen Grüßen

Florian Horn und Marcel Frenz

Von: vorname.nachname@email.com
An: info@empfaenger.de
Betreff: Bestellung Nummer 3456 – Getränke und Gläser für Betriebsfeier Lamedo GmbH

Sehr geehrte Damen und Herren,

herzlichen Dank für das schnelle und freundliche Angebot. Wir bestellen für den 18.12.20xx wie folgt:

- 20 Flaschen Sekt
- 20 Flaschen Weißwein
- 20 Flaschen Rotwein
- 60 Liter Pilsner in zwei Fässern à 30l
- 10 Kisten Mineralwasser
- 2 Kisten Orangensaft
- 3 Kisten Apfelsaft
- 5 Kisten Limonade gemischt
- 2 Stiegen Sektgläser
- 2 Stiegen Weingläser
- 2 Stiegen Biergläser
- 2 Stiegen Wassergläser

Die Ware soll am 18.12. bis 15:00 Uhr in unserer Filiale am Markt 5 angeliefert werden (Zufahrt Krämergasse 17).

Mit freundlichen Grüßen

Marcel Frenz

Szenario E Das Orga-Meeting

Erster Schritt:	Zusammenstellen der Informationen zur Vorbereitung des Meetings Aufgaben 1 – 6, Seite 84

1

Von: vorname.nachname@email.com
An: info@empfaenger.de
Betreff: Einladung zum Firmenmeeting am 23.01.20xx

Liebe Kolleginnen und Kollegen,

ich denke, es ist an der Zeit, dass wir uns wieder einmal zusammensetzen, um die Einführung neuer Richtlinien in unserem Unternehmen zu diskutieren. Es geht hauptsächlich um eine Verbesserung der Arbeitsprozesse auf den Baustellen und um Erklärungen der neuen Sicherheitsstandards zum Schutz unserer Mitarbeiter/innen.

Gleichzeitig sollten wir über abgeschlossene Projekte sprechen, Erfahrungen austauschen und über Ihre Verbesserungsvorschläge nachdenken.

Deshalb lade ich Sie herzlich zu einem Meeting am 23.01.20xx von 11:00 bis 15:00 Uhr in den Konferenzraum unserer Hauptniederlassung ein.

Bitte versuchen Sie, möglichst vollzählig daran teilzunehmen.

Mit freundlichen Grüßen

Anton Dudek

2

Von: vorname.nachname@email.com
An: info@empfaenger.de
Betreff: Unser Meeting am 23.01.20xx von 11:00 bis 15:00 Uhr

Liebe Kollegen,

wie Herr Dudek bereits mitgeteilt hat, findet am 23.01.20xx zwischen 11:00 und 15:00 Uhr unser jährliches Orga-Meeting statt. Wir hoffen, dass Sie alle daran teilnehmen können und sorgen gern für einen Mittagsimbiss und Getränke.

Damit wir auch wirklich alle wichtigen Punkte ansprechen können, möchten wir Sie bitten, das

Meeting vorzubereiten. Es ist wichtig, dass Sie uns über Ihre Erfahrungen und Vorschläge informieren, da Sie die Abläufe auf den Baustellen besser beurteilen können.

Wegen der neuen Arbeitsabläufe und Sicherheitsrichtlinien sind uns Ihre Gedanken zu diesen Themen besonders willkommen, aber auch andere Anliegen werden Platz finden. Dazu melde ich mich im Verlauf der Woche noch einmal.

Mit freundlichen Grüßen

Michaela Seidel

3

Von: vorname.nachname@email.com

An: info@empfaenger.de

Betreff: RE: Unser Meeting am 23.01.20xx von 11:00 bis 15:00 Uhr

---

Sehr geehrte Frau Seidel, liebe Kollegen,

wie Sie wissen, waren mein Team und ich im vergangenen Jahr vor allem in dem Großbauprojekt auf der Wilhelmshöhe tätig. Dabei wurden die folgenden Arbeiten ausgeführt:

- Ausheben der Baugrube für den Bau eines fünfstöckigen Wohnhauses
- Gießen des Fundaments
- Errichtung des Gebäudes
- Verlegen der Installationen (Rohre, Elektroleitungen etc.)
- Einbau der Innenwände (Trockenbau)

Bei der Errichtung des Rohbaus hat sich gezeigt, dass das Gelände besser vor Witterungseinflüssen geschutzt werden sollte. Durch die starken Regenfälle im Frühling gab es Verzögerungen, weil die Grube mehrfach neu stabilisiert werden musste. Das Fundament hat ebenfalls länger gedauert. Vielleicht sollten hier bessere Abdeckungen oder ein provisorisches Dach verwendet werden.

Dies nur als kurzer Überblick, ich werde beim Meeting weitere Punkte vorstellen.

Mit freundlichen Grüßen

Deniz Özbek

4

Von: vorname.nachname@email.com

An: info@empfaenger.de

Betreff: Bericht über Sicherheitsprobleme bei Projekt Nummer xx/305.2; Parkhaus Lerchenstraße

---

Liebe Kolleginnen und Kollegen,

hier ein kurzer Bericht zu den Sicherheitsaspekten bei o.g. Bauprojekt:

Das Projekt ist im Großen und Ganzen erfolgreich verlaufen. Trotzdem sind einige Unfälle passiert, die sich in Zukunft vielleicht vermeiden lassen.

Zunächst müssen wir die Lastenaufzüge auf einen stabileren Grund montieren, möglicherweise auf ein provisorisches Fundament. Der Sturm im November hat einen Aufzug umstürzen lassen, wobei glücklicherweise nur Materialschaden entstanden ist.

Außerdem müssen die Baustellen besser beschildert und nach außen gesichert werden. Bei der Anlieferung von Zement ist das Lieferfahrzeug in einen Graben gerutscht, weil der Fahrer nicht sehen konnte, wie er fahren muss. In einer Nacht wurden Werkzeuge aus dem Container gestohlen, weil das Gelände leicht zugänglich war.

Schließlich hat sich gezeigt, dass die Beleuchtung der Baustelle im Winter unzureichend war. Das hat dazu geführt, dass ein Mitarbeiter gestürzt ist und leichte Verletzungen hatte.

Das sind die wichtigsten Aspekte. Gern erläutere ich sie beim Meeting genauer und nenne weitere.

Mit freundlichen Grüßen

José Marquez

5

Von: vorname.nachname@email.com

An: info@empfaenger.de

Betreff: Zukünftige Projekte

Liebe Kolleginnen und Kollegen,

vielleicht sollten wir bei unserem Meeting auch über die kommenden Projekte sprechen und überlegen, wie wir Ihre Verbesserungsvorschläge dort umsetzen können. Hier nur eine kurze Übersicht über zwei neue Projekte:

- Errichtung von vier Zweifamilienhäusern im Neubaugebiet Storchengrund.
  Dauer: Mai bis Oktober 20xx. Benötigtes Personal: 2 Poliere, 6 Maurer, 2 Fliesenleger, 2 Installateure, 2 Elektriker, 4 Schreiner und Dachdecker.
- Neubau eines Bürokomplexes nach Abriss im Zentrum (Zentralmarkt 17–19).
  Dauer: voraussichtlich: April 20xx bis Februar 20yy. Benötigtes Personal: 2 Poliere, 8 Maurer, 2 Fliesenleger, 4 Installateure, 4 Elektriker.

Es kommen weitere Projekte hinzu und es wird Wechsel der Mitarbeiter zwischen den Baustellen geben. Möglicherweise müssen wir neues Personal einstellen und einarbeiten.

Bitte überlegen Sie, was wir bei diesen Projekten beachten sollten.

Mit freundlichen Grüßen

Anton Dudek

6

Von: vorname.nachname@email.com

An: info@empfaenger.de

Betreff: Urlaubsplanung

Liebe Kollegen,

ein weiteres Thema bei unserem Meeting sollte die Urlaubsplanung sein. Bitte besprechen Sie dazu die Urlaubswünsche in Ihren Teams und bringen Sie einen vorläufigen Plan zum Meeting mit. Möglich sind Termine über das ganze Jahr, wobei Sie bitte darauf achten, dass nicht alle Kollegen gleichzeitig Urlaub machen möchten/können.

Vielen Dank und herzliche Grüße

Michaela Seidel

Zweiter Schritt: Ideen austauschen
Aufgaben 1–4, Seite 84

1

Von: vorname.nachname@email.com

An: info@empfaenger.de

Betreff: Ihre genaueren Anregungen für unser Meeting am 23.01.20xx

Liebe Kollegen,

der Termin für unser Orga-Meeting rückt näher und daher möchten wir Sie bitten, nun bald Ihre genaueren Vorschläge zu machen.

Einiges haben wir schon von Herrn Özbek und Herrn Marquez erhalten. Falls Ihnen in der Zwischenzeit mehr eingefallen ist, teilen Sie uns das bitte bald mit.

Außerdem möchten wir Herrn Lund bitten, ebenfalls wichtige Erfahrungen aus seinem Team mitzuteilen.

Mit freundlichen Grüßen

Anton Dudek und Michaela Seidel

2

Von: vorname.nachname@email.com

An: info@empfaenger.de

Betreff: RE: Ihre genaueren Anregungen für unser Meeting am 23.01.20xx

Liebe Kolleginnen und Kollegen,

ich habe mich ja bereits zu einigen Vorschlägen aus meinem Team geäußert.

Sinnvoll wäre vielleicht noch die Planung und Durchführung regelmäßiger Sicherheitsschulungen. Gerade weil unsere Kollegen oft die Baustellen wechseln, sollten wir Sie genauer mit den neuen Sicherheitsrichtlinien vertraut machen und dafür sorgen, dass diese für alle Baustellen gelten.

Da wir auch oft neue Mitarbeiter bekommen, könnten diese dann immer gleich auf Ihre Arbeit vorbereitet werden. Unsere Poliere könnten diese Schulungen durchführen, ich stehe dafür auch gern zur Verfügung.

Meiner Meinung nach lässt sich unser Sicherheitskonzept auf diese Weise nachhaltig verbessern.

Mit freundlichen Grüßen

Deniz Özbek

3

Von: vorname.nachname@email.com

An: info@empfaenger.de

Betreff: RE: Ihre genaueren Anregungen für unser Meeting am 23.01.20xx

---

Liebe Kolleginnen und Kollegen,

unser Team hat sich auch noch einmal Gedanken zur Sicherheit gemacht, und wir sind der Ansicht, dass unsere Sicherheitsausrüstung nicht auf dem neuesten Stand ist. Daher möchten wir darum bitten, dass neue Helme von besserer Qualität sowie leichtere, aber stabilere Sicherheitsschuhe angeschafft werden. Die Helme werden benötigt, weil sie im Notfall mehr Gewicht abfangen. Bei den Sicherheitsschuhen denken wir, dass sie die anstrengende Arbeit erleichtern.

Gleichzeitig wünschen sich viele Mitarbeiter, dass die Firma Knieschoner für die Arbeiten am Boden einkauft und zur Verfügung stellt. Diese Arbeiten sind auf Knien oft leichter auszuführen als in der Hocke. Auch der Rücken würde dadurch geschont.

Schöne Grüße

José Marquez

4

Von: vorname.nachname@email.com

An: info@empfaenger.de

Betreff: Betreff: RE: Ihre genaueren Anregungen für unser Meeting am 23.01.20xx

---

Liebe Kolleginnen und Kollegen,

Entschuldigung, dass ich mich bisher nicht gemeldet habe, wir hatten ziemlich viel zu tun.

Mein Team hat überlegt, ob wir nicht vielleicht eine Datenbank einrichten könnten, in der wir unsere Arbeiten, benutztes Material, ausgeführte Arbeiten und Personaleinsätze zentral dokumentieren könnten. Das würde die Planung und Durchführung der Arbeiten und der Urlaubswünsche sicherlich vereinfachen.

Ansonsten schließen wir uns den Vorschlägen der Kollegen bezüglich Sicherheit etc. an.

Mit freundlichen Grüßen

Klaus Lund

Vierter Schritt:	Zusammenfassung der Ergebnisse des Meetings Aufgaben 1–4, Seite 85

1

Von: vorname.nachname@email.com

An: info@empfaenger.de

Betreff: Unser Meeting am 23.01.20xx – Zusammenfassung

Liebe Kolleginnen und Kollegen,

vielen Dank für Ihre Teilnahme an unserem Meeting und die vielen Vorschläge, die Sie dort gemacht haben. Im Folgenden fasse ich kurz die Ergebnisse für unsere neuen Bauprojekte zusammen:

- Das Team von Herrn Özbek übernimmt hauptsächlich die Baustelle Im Storchengrund. Es werden dafür zwei weitere Maurer eingestellt und eingearbeitet. Außerdem übernimmt Herr Özbek die Sicherheitsschulungen für unsere Mitarbeiter, die künftig zwei Mal pro Jahr durchgeführt werden. Herr Özbek kümmert sich selbst um die Termine und Einladungen der Teilnehmenden.
- Die Teams von Herrn Marquez und Herrn Lund übernehmen das Großprojekt am Zentralmarkt gemeinsam. Einige Mitarbeiter werden zeitweise auch in anderen Projekten eingesetzt. Genauere Pläne arbeiten Herr Marquez und Herr Lund selbstständig aus.
- Beim jeweiligen Baubeginn wird auf die Umsetzung der neuen Sicherheitsvorschriften geachtet.
- Das Unternehmen schafft die neue Sicherheitsausrüstung auf Wunsch der Mitarbeiter an und übergibt sie an die Teamleiter.
- Der Urlaubsplan steht weitgehend. Kurzfristige Urlaubsanträge sind im Einzelfall möglich.

Mit freundlichen Grüßen

Anton Dudek

3

Von: vorname.nachname@email.com
An: info@empfaenger.de
Betreff: Sicherheitsschulungen für alle Mitarbeiter

Liebe Kollegen,

ich möchte mich Ihnen kurz als der neue Sicherheitsbeauftragte im Unternehmen vorstellen und Sie auf unsere neuen Schulungsmöglichkeiten für mehr Sicherheit am Arbeitsplatz hinweisen.

Die erste Schulung findet am 03.03.20xx um 08:00 Uhr in unserer Niederlassung statt und dauert einen halben Tag. Die Teilnahme gilt als Arbeitszeit.

Das Hauptthema dieser Veranstaltung ist der Umgang mit den neuen Baumaschinen. Sie erhalten Gelegenheit, die Maschinen auf unserem Hof zu testen. Außerdem werden Sie über Sicherheitskleidung und weitere Vorschriften beim Umgang mit Maschinen informiert.

Bei der zweiten Schulung am 12.09.20xx um 08:00 Uhr geht es um Einrichtung und Beschilderung von Baustellen sowie um den Umgang mit Materialien und Werkzeugen. Sie erhalten dazu noch genauere Informationen.

Ich bitte Sie, zahlreich zu den Veranstaltungen zu erscheinen, es geht auch um Ihre persönliche Sicherheit.

Mit freundlichen Grüßen

Deniz Özbek

4

Von: vorname.nachname@email.com
An: info@empfaenger.de
Betreff: Unser Meeting am 23.01.20xx – Zusammenfassung

Liebe Kollegen,

auch von mir noch einmal ganz herzlichen Dank für Ihre Teilnahme an unserem Meeting. Im Folgenden informiere ich Sie kurz über die Ergebnisse des Teils, den ich geleitet habe:

Sie haben vorgeschlagen, unsere Baustellen in Zukunft besser vor Diebstahl und Witterung zu schützen. Dazu wird das Unternehmen die benötigten Gegenstände erwerben und auf den Baustellen zur Verfügung stellen. Es handelt sich insbesondere um stabilere Bauzäune, stärkere Lichtstrahler und Gerüste für provisorische Dächer.

Außerdem wird das Unternehmen eine Datenbank zur Dokumentation einrichten. Zugriff auf die Daten erhalten die Geschäftsleitung und die Teamleiter, die dann ebenfalls für die Pflege der Daten verantwortlich sind.

Mit freundlichen Grüßen

Michaela Seidel

Vorschläge zur Änderung

1

Von: vorname.nachname@email.com
An: info@empfaenger.de
Betreff: Bericht der Zentrale und Bitte um Erklärungen

Liebe Kolleginnen und Kollegen,

in der vergangenen Woche haben wir den Jahresbericht aus der Zentrale unseres Unternehmens erhalten.

Darin steht unter anderem, dass die Bauprojekte in Deutschland häufig mehr Verzögerungen hatten als die Projekte in anderen Ländern.

Ich kann mir vorstellen, dass in Deutschland behördliche Auflagen und vielleicht auch das Wetter eine große Rolle dabei spielen. Trotzdem würde ich mich gern mit Ihnen zusammensetzen, um herauszufinden, was der Grund für diese deutlich längeren Verzögerungen sein könnte. Vielleicht haben Sie ja einige Erklärungen dafür und ebenfalls ein paar Ideen, wie wir das verbessern können.

Mit freundlichen Grüßen

Anton Dudek

2

Von: vorname.nachname@email.com
An: info@empfaenger.de
Betreff: Auflagen der Zentrale für die Zukunft

Liebe Kollegen,

die Unternehmenszentrale hat neue Sicherheitsrichtlinien eingeführt, die auf allen Baustellen umgesetzt werden müssen.

Das bedeutet einerseits, dass wir uns mit den neuen Vorschriften befassen müssen, um sie in Zukunft anwenden zu können, und andererseits, dass wir darauf achten müssen, unsere Arbeit weiterhin effizient auszuführen, damit nicht so viele

Verzögerungen eintreten. Ich würde Sie dazu gern um Vorschläge bitten. Sie finden die neue Sicherheitsrichtlinie im Anhang und es wäre schön, wenn Sie diese bis zum nächsten Meeting lesen könnten, damit wir über die Umsetzung diskutieren können.

Mit freundlichen Grüßen

Michaela Seidel

3

Von: vorname.nachname@email.com

An: info@empfaenger.de

Betreff: Gründe für Verzög erungen

Sehr geehrter Herr Dudek,

aus meiner Sicht gibt es zwei Hauptgründe für die Verzögerungen bei den Bauprojekten:

Zum Einen denke ich, dass unsere Firma mehr Mitarbeiter braucht. Im vergangenen Jahr sind häufiger Mitarbeiter krankheitsbedingt ausgefallen. Wenn das passiert, verzögern sich oft die Arbeitsabläufe.

Zum Anderen hat es schon seit Langem keine Gehaltserhöhungen mehr gegeben. Vielleicht sind einige unserer Mitarbeiter deshalb nicht mehr so motiviert wie noch vor ein paar Jahren oder lassen sich auch schneller krankschreiben.

Ich schlage deshalb vor, dass das Unternehmen neue Mitarbeiter einstellt, um Ausfälle auszugleichen, und vielleicht auch über eine Erhöhung der Gehälter nachdenkt, um das Personal besser zu motivieren.

Mit freundlichen Grüßen

Deniz Özbek

4

Von: vorname.nachname@email.com

An: info@empfaenger.de

Betreff: Gründe für Verzögerungen

Sehr geehrter Herr Dudek,

wir haben lange überlegt, welche Gründe wir für die Verzögerungen sehen, und sind dabei zu folgendem Ergebnis gekommen:

Unserer Meinung nach brauchen wir mehr Flexibilität beim Einsatz unserer Mitarbeiter. Es ist häufig so, dass auf einer Baustelle gerade nicht so viel Personal gebraucht wird, dafür aber mehr auf einer anderen.

Wir haben zwar die Möglichkeit, Mitarbeiter flexibel einzusetzen, doch der Prozess dauert aus unserer Sicht zu lange. Oft bleibt der Mitarbeiter noch mehrere Tage auf seiner Baustelle, bis er zur anderen geschickt wird. Das erscheint uns manchmal unproduktiv.

Vielleicht sehen Sie eine Möglichkeit, hier schneller handeln zu können, wenn es irgendwo zu Verzögerungen kommt. Es könnte auch hilfreich sein, genaue Prioritäten für verschiedene Arbeitsschritte festzulegen.

Mit freundlichen Grüßen

José Marquez und Klaus Lund

Szenario F Der Weg in die Selbstständigkeit

Erster Schritt:	Erstes Treffen mit dem Gründungscoach Aufgaben 1–5, Seite 88

1

Von: vorname.nachname@email.com
An: info@empfaenger.de
Betreff: Anfrage wegen eines Gründungscoachings (Umzugsunternehmen)

Sehr geehrte Frau Wollmann,

wir sind im Internet auf Ihre Webseite gestoßen und interessieren uns für ein Coaching mit Ihnen. Mein Name ist Bartosz Felski und ich möchte zusammen mit meinem Freund und Kollegen, Jarek Dudziak, ein Umzugsunternehmen gründen. Dazu haben wir bereits im letzten Jahr ein Gründerseminar der örtlichen IHK besucht, aber wir glauben, dass uns eine persönliche Beratung noch besser bei unserem Vorhaben helfen kann. Daher bitten wir Sie um ein Angebot für Ihr Gründungscoaching.

Mit freundlichen Grüßen

Bartosz Felski

2

Von: vorname.nachname@email.com
An: info@empfaenger.de
Betreff: Ihre Anfrage vom 12.04.20xx

Sehr geehrter Herr Felski,

vielen Dank für Ihre Anfrage. Ich bin sicher, dass ich Sie und Ihren Kollegen bei der Gründung Ihres Umzugsunternehmens unterstützen kann. Deshalb schlage ich vor, dass wir fünf Termine zu jeweils zwei Stunden vereinbaren. Wenn wir bemerken, dass das nicht ausreicht, können wir immer noch Zusatztermine finden. Als ersten Termin schlage ich den 21.04.20xx um 17:00 Uhr in meinem Büro vor. Eine Anfahrtsskizze finden Sie auf der Webseite. Ich berechne pro Stunde 65,00 € netto, d.h. für das gesamte Coaching kann ich Ihnen einen Preis in Höhe von 650,00 € (+MWST) anbieten.

Ich freue mich auf Ihre Antwort und verbleibe

mit freundlichen Grüßen

Sandra Wollmann

3

Hallo Jarek,

das Gründungscoaching kostet bei 10 Stunden 650,00 € (+MWST). Ich denke, das ist in Ordnung. Hast du am 21.04.20xx um 17:00 Uhr Zeit? Da könnte es nämlich losgehen.

VG

Bartosz

4

Hallo Bartosz,

super, dass das so schnell geklappt hat. Der Termin passt mir gut. Vielleicht muss ich an dem Tag ein bisschen früher Feierabend machen, aber ich denke, das ist kein Problem.

Danke und VG

Jarek

5

Aufstellung zur Unternehmensgründung

1. Angebot

- Kleinere Umzüge und Transporte
- klassische Renovierungsarbeiten (Tapezieren, Streichen etc.)
- Montage von Einbauküchen und Sanitärinstallationen

2. Benötigte Anlagen und Gegenstände

- Immobilie (Lager, Hof mit Parkplätzen, Büro)
- 1 Lkw (am besten mit Ladebordwand), eventuell 1 mittelgroßer Lieferwagen
- Baumaterialien (Zement, Mörtel, Mischwannen, Tapeten, Farbe etc.)
- Werkzeug (Bohrmaschinen, Akkuschrauber, Tapeziertische etc.)

3. Kunden

- Privatpersonen und Geschäftskunden
- 1 Finanzen
- Bartosz: 40.000 € gespart
- Jarek: 25.000 € gespart
- benötigt: weitere 100.000 € als Kredit
- Sicherheiten: Haus von Bartosz (zu 50% abbezahlt)

Zweiter Schritt: Kontakt zum Vermieter
Aufgaben 1–3, 5, Seite 88

1

Von: vorname.nachname@email.com
An: info@empfaenger.de
Betreff: Ihr Angebot auf immoblitz3000.de (Nummer A34.078)

Sehr geehrter Herr Wilms,

ich habe kürzlich Ihr gewerbliches Mietangebot mit der Nummer A34.078 auf Immoblitz3000 gesehen und interessiere mich dafür. Da mein Kollege und ich gerade den Schritt in die Selbstständigkeit mit einem Umzugs- und Renovierungsunternehmen planen, erscheint uns Ihr Angebot gut dafür geeignet. Wir sind auf der Suche nach einem kleinen Lager mit Büro und einer Freifläche für unsere Firmenfahrzeuge. Außerdem erscheint die Lage im stadtnahen Gewerbegebiet günstig, weil wir unsere Kunden von dort aus gut erreichen können.

Ich wäre Ihnen also dankbar, wenn Sie mir einen baldigen Besichtigungstermin vorschlagen könnten. Wegen meiner Berufstätigkeit wäre ein Termin am frühen Abend perfekt, es geht aber auch tagsüber, wenn Sie es nicht anders einrichten können.

Ich freue mich auf Ihre Antwort.

Mit freundlichen Grüßen

Jarek Dudziak

2

Von: vorname.nachname@email.com
An: info@empfaenger.de
Betreff: RE: Ihr Angebot auf immoblitz3000.de (Nummer A34.078)

Sehr geehrter Herr Dudziak,

vielen Dank für Ihr Interesse.

Gerne zeige ich Ihnen die Immobilie im Gewerbegebiet. Möglicherweise haben Sie das Richtige für Ihr Unternehmen gefunden.

Auf dem Hof können Sie ohne Probleme mehrere Lieferfahrzeuge parken und vom Lager aus auch direkt be- oder entladen. Das Lager ist bereits mit Schwerlastregalen ausgestattet, sodass Sie nur noch Ihre Materialien und Werkzeuge mitzubringen brauchen. Selbstverständlich sind alle Räume gesichert und mehrfach verschließbar. Das gleiche gilt für das Tor zum Gelände, sodass auch Ihr Fuhrpark sicher ist.

Das Büro verfügt über alle nötigen Anschlüsse (Internet, Telefon, Elektrizität) und eine Heizung.

Aber am besten machen Sie sich selbst ein Bild. Ich schlage vor, dass wir uns morgen, am 22.04.20xx um 18:00 Uhr vor dem Tor treffen. Dann können Sie die Immobilie in Ruhe anschauen und gern auch weitere Fragen stellen.

Bitte geben Sie mir kurz Bescheid, ob Ihnen der Termin passt.

Mit freundlichen Grüßen

Herrmann Wilms

3

Von: vorname.nachname@email.com
An: info@empfaenger.de
Betreff: RE: RE: Ihr Angebot auf immoblitz3000.de (Nummer A34.078)

Sehr geehrter Herr Wilms,

der Termin passt wunderbar, herzlichen Dank für die schnelle Antwort und die Informationen.

Ich freue mich, Sie morgen persönlich kennenzulernen und Ihre Immobilie anzuschauen.

Mit freundlichen Grüßen

Jarek Dudziak

5

Notizen für den Businessplan:

Mietkosten Immobilie:

1.800,00 € pro Monat Miete

200,00 € pro Monat Nebenkosten

19% MWST enthalten

Kaution i.H.v. 5.400 €

Sondervereinbarung:

Mieter übernehmen die Renovierung des Büros und die Reparatur der Wasserleitung auf eigene Kosten (ca. 1.500, €); dafür wurde die Monatsmiete um 150,00 € gesenkt

Vertragslaufzeit: mindestens 2 Jahre; Verlängerung möglich

Dritter Schritt: Kontakt zum Autohändler
Aufgaben 1 und 2, Seite 89

1

Von: vorname.nachname@email.com
An: info@empfaenger.de
Betreff: Ihr Angebot an gebrauchten Lieferfahrzeugen

Sehr geehrter Herr Storz,

ich habe im Internet Ihr Angebot für gebrauchte Gewerbefahrzeuge gesehen und möchte hiermit nach Ihren Geschäftszeiten fragen.

Gestern bin ich bereits an Ihrem Firmengelände vorbeigefahren, habe dort allerdings niemanden angetroffen. Daher möchte ich gern wissen, wann ich die Fahrzeuge anschauen und mit jemandem über die Preise sprechen kann.

Vielen Dank für eine kurze Information dazu.

Mit freundlichen Grüßen

Bartosz Felski

2

Von: vorname.nachname@email.com
An: info@empfaenger.de
Betreff: RE: Ihr Angebot an gebrauchten Lieferfahrzeugen

Sehr geehrter Herr Felski,

es tut mir leid, dass Sie niemanden auf unserem Gelände angetroffen haben. Normalerweise haben wir keine festen Geschäftszeiten für das Gelände, sondern vereinbaren die Termine mit unseren Interessenten persönlich.

Daher würde ich Ihnen anbieten, dass wir uns übermorgen, am 23.04.20xx um 17:00 Uhr am Eingang zum Gelände treffen. Dann zeige ich Ihnen gern unsere Fahrzeuge und stehe für Fragen zur Verfügung. Passt Ihnen dieser Termin?

Sie sollten wirklich bald vorbeikommen, weil wir gerade einige Fahrzeuge hereinbekommen haben, die für Sie interessant sein könnten. Erfahrungsgemäß sind derart gute Angebote auch immer schnell verkauft. Deshalb wäre es gut, wenn Sie den Termin wahrnehmen könnten.

Mit freundlichen Grüßen

Manfred Storz

Vierter Schritt:	Zweites Treffen mit dem Gründungscoach Aufgaben 1 und 2, Seite 89

1

Gründerprofil

Ich heiße Bartosz Felski und bin 38 Jahre alt. Im Jahr 20xx habe ich meine Ausbildung zum Installateur (Gas, Wasser, Heizung) erfolgreich abgeschlossen und arbeite seitdem bei Wißmann Sanitär in Frankfurt am Main. Inzwischen verfüge ich über 15 Jahre Berufserfahrung in dieser Branche.

Mein Geschäftspartner, Jarek Dudziak, ist 35 Jahre alt und gelernter Elektriker mit ebenfalls 15 Jahren Berufserfahrung. Er arbeitet zurzeit bei Elektro Rammes, wo er auch im Jahr 20xx seine Ausbildung erfolgreich abgeschlossen hat.

Vor einiger Zeit haben wir uns entschlossen, uns mit einem Umzugs- und Renovierungsunternehmen selbstständig zu machen. Aufgrund unserer Qualifikationen wollen wir nicht nur kleine Umzüge und Transporte und die typischen Renovierungsarbeiten wie Tapezieren und Streichen anbieten, sondern auch die Montage von Einbauküchen und Sanitärinstallationen. Für die Kunden ist es schließlich günstiger und bequemer, wenn alle nötigen Arbeiten von einem Unternehmen durchgeführt werden.

Zu unseren Stärken zählen unser Fleiß, unsere Genauigkeit und unser freundlicher Umgang mit Kunden. Ebenfalls sind wir belastbar und sorgen uns nicht um Überstunden oder Arbeit am Samstag.

Außerdem können wir beide uns immer auf unsere Ehefrauen verlassen, die gern einen Teil der Büroarbeiten übernehmen werden, während wir bei den Kunden sind.

Produkt/Dienstleistung

Wir möchten kleinere Transporte sowie die komplette Renovierung von Wohn- und Geschäftsräumen aus einer Hand anbieten. Dies bedeutet, dass die Kunden nur ihre Wünsche äußern müssen. Wir kümmern uns um alles Weitere – von Anlieferungen über Materialbeschaffung bis zur fertigen Renovierung/Installation. Wenn gewünscht, können wir komplett neue Bäder einrichten, Küchen montieren und anschließen (Elektro und Gas), Böden verlegen, tapezieren, streichen und sogar Wände entfernen/versetzen.

Wir sind der Meinung, dass Frankfurt eine wachsende Stadt mit steigender Einwohnerzahl ist. Ein Großteil der Gebäude ist älter, daher gibt es häufig Renovierungs- oder Sanierungsbedarf. Nicht nur Firmen, sondern auch immer mehr Privatpersonen lassen diese Arbeiten lieber professionell erledigen, als sich selbst darum zu kümmern.

Ein Risiko ist natürlich der Wettbewerb. Wir möchten uns deshalb langfristig einen Kundenstamm (Hausverwalter/Vermieter) aufbauen und durch unsere zuverlässige und hochwertige Arbeit überzeugen.

2

Standort

Das Unternehmen soll sich in einem kleineren Gewerbegebiet im Osten Frankfurts befinden. Hier sind die Immobilienpreise vergleichsweise günstig, doch die Stadt ist gut erreichbar. Auch Einsätze in anderen Orten im Umkreis sind möglich, da das Gewerbegebiet an die Autobahn angeschlossen ist.

Marktsituation

Gegenwärtig sind zuverlässige Handwerksdienstleistungen sehr gefragt. Außerdem verfügen viele Menschen über die finanziellen Mittel, um eine ältere Wohnung in einen schönen Ort umgestalten zu lassen. Auch Vermieter achten auf den Zustand ihrer Objekte, weil dies höhere Mietpreise ermöglicht und langfristig die Rendite erhöht.

Weiterhin gibt es aktuell viele arbeitsbedingte Umzüge von Privatpersonen und Wohnungen müssen daher vergleichsweise häufig renoviert werden.

Fünfter Schritt: Termin mit der Bank
Aufgaben 1 und 2, Seite 90

1

Geschäftsidee

Wir möchten ein Umzugs- und Renovierungsunternehmen mit dem Namen „Felski & Dudziak" gründen. Der Betrieb soll am 01.09.20xx beginnen, wobei wir schon vorher erreichbar sein und Aufträge annehmen möchten.

Ein eigenes Unternehmen zu führen, ist schon lange ein großer Traum von uns. Durch unsere langjährige Berufserfahrung haben wir gesehen, wie man den Dienst am Kunden erweitern und/oder verbessern kann, wenn es um Transporte und die Renovierung/Sanierung von Wohnungen und Geschäftsräumen geht. Wir sind beide handwerklich geschickt, sehr gründlich und erfahren in unserem jeweiligen Beruf.

Für die kommenden Jahre erwarten wir eine stabile Auftragslage sowie den Ausbau unseres Geschäfts durch mehr Mitarbeiter. Wir sind überzeugt davon, dass die Nachfrage aktuell sehr groß ist und auch künftig bleiben wird, sodass wir nach einer kurzen Phase des Bekanntwerdens mit zahlreichen Aufträgen rechnen können.

Wettbewerbssituation

Als große Stadt verfügt Frankfurt über zahlreiche Umzugs- und Renovierungsunternehmen, Installateurbetriebe und Firmen für Elektroinstallationen, doch häufig werden nur bestimmte Arbeiten von einem Unternehmen ausgeführt, sodass für ein Komplettangebot verschiedene Unternehmen beauftragt werden müssen.

Das kostet oft Zeit und zusätzliches Geld. Mit unseren Dienstleistungen aus einer Hand möchten wir den Kunden den Weg zur fertig renovierten Immobilie erleichtern.

Außerdem steigt die Nachfrage nach derartigen Dienstleistungen aktuell stark an. Das macht die Situation für neue Anbieter am Markt einfacher.

Marketing und Vertrieb

Wir möchten als erstes einen Internetauftritt gestalten, der über unser Angebot informiert. Außerdem planen wir, auf allen gängigen Immobilienportalen Werbung zu schalten und Kontakt zu Hausverwaltungen und Vermietern aufzunehmen, um unsere Dienste anzubieten.

Wir sind uns ebenfalls darüber im Klaren, dass Empfehlungen eine große Rolle spielen. Deshalb wollen wir schnell und zuverlässig arbeiten, um oft weiterempfohlen zu werden.

Unternehmensorganisation

Wir planen unser Geschäft als Partnerunternehmen, wobei uns unsere Ehefrauen zunächst bei den Bürotätigkeiten unterstützen werden.

Je nach Entwicklung der Auftragslage werden wir Maler, Fliesenleger und Trockenbauer sowie weitere Helfer einstellen, doch zu Beginn werden wir die Arbeiten selbst übernehmen, um die Kosten gering zu halten. Da wir privat über ein großes Netzwerk befreundeter Handwerker verfügen, können wir jederzeit den nötigen Rat einholen, um auch komplizierte Arbeiten zu erledigen.

Zusammenfassung

In einem Gewerbegebiet im Osten Frankfurts soll ein kleines Umzugs- und Renovierungsunternehmen entstehen. Die Gründer, Bartosz Felski und Jarek Dudziak, haben vor, ab September 20xx im Großraum Frankfurt für Transporte sowie Renovierungsarbeiten in Wohnungen und Geschäftsräumen zur Verfügung zu stehen. Als Elektriker und Installateur werden sie auch den Aufbau und Anschluss von Einbauküchen sowie die Installation von Sanitäranlagen anbieten. Da der Bedarf an solchen Unternehmen aktuell stark steigt, wird sich höchstwahrscheinlich eine gute Auftragslage entwickeln.

Von: vorname.nachname@email.com
An: info@empfaenger.de
Betreff: Unser Businessplan und Bitte um Gesprächstermin

Sehr geehrte Frau Yasni,

wir freuen uns sehr, dass Sie Interesse und Zeit haben, um mit uns über eine Finanzierung unseres Gründungsvorhabens zu sprechen. Daher bitten wir Sie, uns einen Terminvorschlag zu schicken, damit wir uns möglichst bald zusammensetzen können. Wir sind zeitlich flexibel und richten uns gern nach Ihnen. Im Anhang finden Sie unseren Businessplan, dem Sie die wichtigsten Details unseres zukünftigen Betriebs entnehmen können.

Wir freuen uns auf Ihren Vorschlag und verbleiben

mit freundlichen Grüßen

Bartosz Felski und Jarek Dudziak

2

Von: vorname.nachname@email.com
An: info@empfaenger.de
Betreff: RE: Unser Businessplan und Bitte um Gesprächstermin

Sehr geehrter Herr Felski, sehr geehrter Herr Dudziak,

vielen Dank für Ihre E-Mail und Ihren Businessplan. Ich werde ihn mir so schnell wie möglich anschauen.

Als Termin für ein Gespräch schlage ich den 07.05.20xx um 10:00 Uhr vor. Sie sollten dafür ungefähr zwei Stunden einplanen, weil wir sicherlich verschiedene Möglichkeiten einer Finanzierung Ihres Unternehmens besprechen werden.

Ich freue mich, Sie beide kennenzulernen.

Mit freundlichen Grüßen

Sinem Yasni

Vorschläge zur Änderung

Von: vorname.nachname@email.com
An: info@empfaenger.de
Betreff: Gründungscoaching

Hallo Jarek,

ich war heute bei Frau Wollmann für ein erstes Beratungsgespräch. Das war sehr interessant. Sie hat mir erklärt, wie wir zu Beginn unserer Gründung erst einmal die Kosten gering halten können und mir auch gleich ein paar interessante Adressen mitgegeben.

Zum Beispiel sollten wir vielleicht nach gebrauchten Firmenfahrzeugen suchen, anstatt neue zu finanzieren. Sie sagt, dass das oft billiger ist, dass man aber auch genau auf den Zustand der Fahrzeuge achten muss.

Außerdem denkt sie, dass wir neue Mitarbeiter erst dann einstellen sollten, wenn wir genug Aufträge haben. Das heißt aber nicht, dass wir nicht suchen sollten. Oft dauert es ja sowieso ein bisschen, bis man in der alten Firma aufhören und eine neue Stelle anfangen kann. Könntest du vielleicht schon mal Stellenanzeigen schreiben? Das würde mir sehr helfen.

Ich hoffe, mit deiner Familie ist alles in Ordnung.

Viele Grüße

Bartosz

Von: vorname.nachname@email.com
An: info@empfaenger.de
Betreff: Immobilie und Fahrzeuge

Hallo Bartosz,

es tut mir wirklich leid, dass ich mich im Moment um vieles nicht kümmern kann. Vielen Dank, dass du das machst.

Ich denke, als nächstes solltest du nach einem geeigneten Standort schauen und Kontakt zu den Vermietern aufnehmen. Wenn wir ungefähr wissen, welche Kosten auf uns zukommen, können wir sicher besser planen.

Ein weiterer wichtiger Kostenpunkt sind die Fahrzeuge. Auch da wäre es schön, wenn du bald ein paar Angebote finden könntest. Die Preise kannst du mir auch gern schicken, dann können wir zusammen überlegen, ob wir uns das leisten können.

Danke nochmal und viele Grüße

Jarek

Von: vorname.nachname@email.com
An: info@empfaenger.de
Betreff: Aktueller Stand Immobilie und Fahrzeuge

Hallo Jarek,

ich habe alles erledigt und schicke dir hier die zwei Vorschläge, die ich am interessantesten fand:

Im Gewerbegebiet Ost gibt es eine kleine Lagerhalle mit Hof und Büro, die mir ziemlich gut gefallen hat. Ich konnte sogar den Preis ein bisschen runterhandeln, weil wir die Räume selbst renovieren können. Insgesamt würde diese Betriebsstätte monatlich 2.000 € kosten. Fotos findest du im Anhang.

Außerdem hatte ich Kontakt zu einem Händler für gebrauchte Firmenfahrzeuge. Der hat mir einen ziemlich neuen Lkw mit Ladebordwand für 11.500 € angeboten, obwohl er anfangs 12.000 € dafür wollte. Der Wagen hätte sogar ein Jahr Garantie auf alle Teile. Davon habe ich dir auch ein paar Fotos gemacht.

Schreib mir bald deine Meinung.

Viele Grüße

Bartosz

Stellenanzeige: Maler gesucht!

Für ein kleines Transport- und Renovierungsunternehmen in Frankfurt am Main suchen wir zum 01.10.20xx Malergesellen.

Wir sind im Großraum Frankfurt in Wohngebäuden und Geschäftshäusern tätig und benötigen dazu Maler, die gern in einem jungen, flexiblen und freundlichen Unternehmen arbeiten möchten. Wenn Sie also über die passende Ausbildung verfügen und Lust haben, uns kennenzulernen, senden Sie Ihre Bewerbung bitte an: ...

Wir freuen uns, Sie bald zum Gespräch zu treffen.

Stellenanzeige: Helfer in Festanstellung gesucht!

Für ein kleines Transport- und Renovierungsunternehmen in Frankfurt am Main suchen wir zum 01.10.20xx Helfer für handwerkliche Tätigkeiten.

Wenn Sie schon Erfahrungen bei der Renovierung/Sanierung von Gebäuden gesammelt haben, ist das sicher ein Vorteil, aber kein Muss. Auch wenn Sie bisher nicht in dieser Branche gearbeitet haben, sollten Sie sich bewerben. Handwerkliches Geschick, einen freundlichen Umgang mit Kunden und körperliche Belastbarkeit setzen wir voraus. Die einzelnen Arbeitsschritte lernen Sie bei uns.

Wir sind ein junges Unternehmen der Dienstleistungsbranche und möchten unseren Kunden einen schnellen, hochwertigen Service bieten.

Wenn wir Ihr Interesse geweckt haben, richten Sie Ihre Bewerbung bitte an: ...

Wir freuen uns auf Sie!

Szenario G Das war so nicht vereinbart

Zweiter Schritt: Kontakt zur Kundenbetreuerin der Renovierungsfirma
Aufgaben 1–3, Seite 93

1

Von: vorname.nachname@email.com
An: info@empfaenger.de
Betreff: Fitness Peters – Renovierungsarbeiten nicht ordnungsgemäß durchgeführt

Sehr geehrte Frau Stein,

wir haben vor sechs Wochen vereinbart, dass Ihr Unternehmen die Renovierungsarbeiten in meinem Fitnessstudio übernimmt (Auftragsnummer 6789). Leider muss ich Ihnen mitteilen, dass der Vertrag seitens Ihres Unternehmens bisher nicht zufriedenstellend erfüllt wurde.

Das Studio war wie vereinbart während der vergangenen Woche geschlossen und sollte heute wiedereröffnet werden. Beim Anschauen der Räume habe ich festgestellt, dass eine Wand in einer falschen Farbe gestrichen wurde und dass der neue Boden an einigen Stellen uneben ist. Das kann für unsere Mitglieder ein Verletzungsrisiko bedeuten, doch Ihre Mitarbeiterin behauptet, dass sich die Stellen von allein glätten würden.

Ferner war vereinbart, dass Ihre Mitarbeiter nach Betriebsschluss die neuen Duscharmaturen anbringen, und nun sagen sie mir, das sei nicht möglich, weil das Studio erst um 21:00 Uhr schließt. Wir mussten darüber hinaus schon einen Kurs verschieben, weil das Sägen der Teile für die Bar zu laut war.

Ich bin wirklich sehr verärgert über die aktuelle Situation und bitte Sie daher, so schnell wie möglich für eine vertragsgemäße Durchführung der Arbeiten zu sorgen, ohne dass dafür weitere Kosten entstehen.

Mit freundlichen Grüßen

Matthias Peters

2

Von: vorname.nachname@email.com
An: info@empfaenger.de
Betreff: RE: Fitness Peters – Renovierungsarbeiten nicht ordnungsgemäß durchgeführt

Sehr geehrter Herr Peters,

vielen Dank für Ihre Nachricht.

Ich bitte um Entschuldigung für die Unannehmlichkeiten und werde sofort mit meinen Mitarbeitern klären, wie der Auftrag zügig und ordnungsgemäß erledigt werden kann. Um weitere Schwierigkeiten zu vermeiden, schlage ich vor, dass Sie Ihr Studio an einem Tag in dieser Woche noch einmal schließen, damit die Arbeiten beendet werden können. So vermeiden wir Lärm und Störungen des Betriebs und können sicherstellen, dass der Boden bearbeitet werden kann.

Ich verspreche Ihnen, dass am Abend des entsprechendenen Tages alles ordnungsgemäß erledigt ist und bitte Sie nochmals um Verständnis.

Mit freundlichen Grüßen

Laura Stein

3

Von: vorname.nachname@email.com
An: info@empfaenger.de
Betreff: RE:RE: Fitness Peters – Renovierungsarbeiten nicht ordnungsgemäß durchgeführt

Sehr geehrte Frau Stein,

ich bin Ihnen dankbar, dass Sie nach einer schnellen Lösung suchen, muss Sie aber auf Folgendes hinweisen: Ich bin weder bereit, zusätzliche Kosten für einen weiteren Arbeitstag Ihres Unternehmens zu tragen noch einverstanden, dass der Verlust durch einen weiteren Tag ohne Betrieb auf meine Kosten geht.

Daher schlage ich vor, dass Ihr Unternehmen den Verlust durch die Schließung übernimmt. In dem Fall würde ich das Studio am kommenden Donnerstag schließen, weil wir da normalerweise weniger Gäste haben. Weiterhin setze ich voraus, dass alle Arbeiten spätestens am Donnerstagabend vertragsgemäß abgeschlossen sind. Ansonsten sehe ich mich gezwungen, ein anderes Unternehmen zu beauftragen und die entstehenden Kosten an Ihr Unternehmen weiterzuleiten.

Mit freundlichen Grüßen

Matthias Paters

4

Von: vorname.nachname@email.com
An: info@empfaenger.de
Betreff: RE:RE:RE: Fitness Peters – Renovierungsarbeiten nicht ordnungsgemäß durchgeführt

Sehr geehrter Herr Peters,

vielen Dank für Ihr Entgegenkommen. Um Sie zu entlasten, kann ich Ihnen anbieten, dass wir Ihnen auf den Gesamtpreis unserer Arbeiten einen Nachlass in Höhe von 3% anbieten. Dies sollte genügen, um die Schließung am Donnerstag auszugleichen. Ich entschuldige mich nochmals im Namen meines Personals und bitte Sie herzlich um Verständnis. Weiterhin verspreche ich Ihnen, dass am Donnerstagabend alle Arbeiten korrekt erledigt sind.

Mit freundlichen Grüßen

Laura Stein

Dritter Schritt:	Besprechung der Reklamationen des Kunden mit den Mitarbeitern Aufgaben 1–5, Seite 93

1

Von: vorname.nachname@email.com
An: info@empfaenger.de
Betreff: Renovierung des Fitnessstudios Peters:

Hallo zusammen,

wie ihr euch vorstellen könnt, ist der Kunde ziemlich wütend über die Verzögerungen bei den Renovierungsarbeiten.

Ich habe ihm jetzt einen Nachlass angeboten und wir haben uns darauf geeinigt, dass er das Studio am kommenden Donnerstag nochmal schließt. Das bedeutet, dass bis Donnerstagabend die Wand neu gestrichen werden muss. Simon, das übernimmst du bitte. Außerdem solltet ihr die Duscharmaturen anbringen, am besten noch heute, weil am Donnerstag genug mit dem Boden zu tun ist. Anna, erledigst du das bitte?

Philipp, wenn du mit der Bar noch nicht fertig bist, hörst du für heute besser auf, damit es nicht noch mehr Lärm gibt, und machst den Rest am Donnerstag.

Ich verlasse mich auf euch.

Schöne Grüße

Laura

2

Von: vorname.nachname@email.com
An: info@empfaenger.de
Betreff: RE: Renovierung des Fitnessstudios Peters

Hallo Laura,

ich habe tatsächlich einen Eimer mit der falschen Farbe gekauft, es tut mir sehr leid. Ich weiß auch nicht, wie das passieren konnte.

Wenn es hilft, fahre ich jetzt gleich nochmal los und besorge die richtige Farbe. Dann kann ich die Wand noch heute Abend streichen, damit sie bis Donnerstag trocken ist.

Viele Grüße

Simon

3

Von: vorname.nachname@email.com
An: info@empfaenger.de
Betreff: RE: Renovierung des Fitnessstudios Peters

Hallo Laura,

ich weiß zwar nicht, wann wir die Montage der Armaturen vereinbart haben, aber ich kann sie ausnahmsweise heute Abend anbringen. Dann ist das schon mal geschafft.

Ob sich der Boden von allein glättet, kann ich im Moment nicht sagen. Falls das nicht passiert, brauche ich am Donnerstag auf jeden Fall Hilfe. An einem Tag schaffe ich das nicht allein.

Schöne Grüße

Anna

4

Von: vorname.nachname@email.com
An: info@empfaenger.de
Betreff: RE: Renovierung des Fitnessstudios Peters

Liebe Laura,

ich werde für die Bar keinen ganzen Tag mehr brauchen. Deshalb kann ich wahrscheinlich Anna dabei helfen, den Boden in Ordnung zu bringen. Ich schätze mal, dass ich am Donnerstag noch zwei Stunden für die Bar brauche und dann Zeit habe, Anna zu helfen.

Viele Grüße

Philipp

5

Von: vorname.nachname@email.com
An: info@empfaenger.de
Betreff: RE: RE: Renovierung des Fitnessstudios Peters

Liebe alle,

vielen Dank für euren Einsatz! Macht das bitte genau so, wie ihr es vorgeschlagen habt. Wir dürfen den Kunden nicht weiter verärgern, deshalb seid bitte besonders sorgfältig und erledigt alles pünktlich.

Viele Grüße

Laura

Vierter Schritt: Lösung des Problems und Abnahme der Arbeiten
Aufgaben 1–3, Seite 94

1

Von: vorname.nachname@email.com
An: info@empfaenger.de
Betreff: Studio am Donnerstag schließen und unbedingt kontrollieren

Liebe Vanessa,

ich bin auf dem Weg zu meiner Fortbildung in London und danke dir, dass du dich um diesen Ärger mit der Renovierung kümmerst.

Zwei Sachen wären dabei wichtig: Kannst du bitte so schnell wie möglich einen Aushang machen, damit die Mitglieder Bescheid wissen? Du kannst gern dazuschreiben, dass wir alle ab Freitag auf ein Freigetränk an unserer neuen Bar einladen. Dann schaust du dir bitte am Donnerstag alle Sachen nochmal an, besonders den Boden, die Wand, die Duschen und die Bar. Ruf mich bitte sofort an, wenn irgendetwas nicht in Ordnung ist. Sag mir bitte auch Bescheid, wenn alles in Ordnung ist, damit ich mich entspannen kann.

Wir sehen uns nächste Woche. Vielen Dank nochmal.

Liebe Grüße

Matthias

2

Wichtige Information:

Liebe Mitglieder,

wir müssen am Donnerstag (16.03.) leider nochmal unsere Türen schließen, weil die Renovierungsarbeiten noch nicht abgeschlossen sind. Wir hoffen dafür auf Ihr Verständnis. Am Freitag geht der Betrieb wieder ganz normal weiter und wir laden Sie alle auf ein Fitnessgetränk an unserer neuen Bar ein.

Danke für ihr Verständnis und bis dann!

Vanessa Schwartz

Fitness Peters

Von: vorname.nachname@email.com
An: info@empfaenger.de
Betreff: Renovierung – Stand der Dinge

Lieber Matthias,

ich hoffe, du genießt die Zeit in London und lernst viele interessante Dinge. Hier ist nun glücklicherweise alles in Ordnung. Die Leute von der Renovierungsfirma haben alles zügig erledigt und das Studio sieht jetzt richtig toll aus! Frische Farben, eine coole Fitnessbar und der Boden ist glatt wie eine Bowlingbahn. Auch die Duschen sind sehr schön geworden. Mach dir also keine Sorgen, du wirst es ja nächste Woche sehen.

Bis dahin und viel Spaß noch

Vanessa

3

Von: vorname.nachname@email.com
An: info@empfaenger.de
Betreff: Renovierung Fitness Peters

Sehr geehrte Frau Stein,

gerade erfahre ich von meiner Mitarbeiterin, dass Ihr Team die Arbeiten nun zu unserer Zufriedenheit durchgeführt hat. Offenbar sind alle Mängel beseitigt und die offenen Arbeiten erledigt worden. Daher danke ich Ihnen und Ihrem Team für die schnelle Leistung sowie für das Entgegenkommen beim Preis für die Arbeiten.

Freundliche Grüße

Matthias Peters

Vorschläge zur Änderung

Von: vorname.nachname@email.com
An: info@empfaenger.de
Betreff: Fitness Peters – Renovierungsarbeiten nicht ordnungsgemäß durchgeführt

---

Sehr geehrte Frau Stein,

wir haben vor sechs Wochen vereinbart, dass Ihr Unternehmen die Renovierungsarbeiten in meinem Fitnessstudio übernimmt (Auftragsnummer 6789). Leider muss ich Ihnen mitteilen, dass nach meinem heutigen Besuch im Studio anzunehmen ist, dass die Arbeiten nicht pünktlich beendet sein werden. Das haben mir Ihre Mitarbeiter/innen auch so bestätigt.

Aktuell ist gerade der große Raum gestrichen, die Bar aufgebaut und der alte Boden entfernt worden. Allein die Verlegung des neuen Bodens wird laut Ihren Mitarbeitern mindesten drei Tage dauern. Weiterhin müssen aber auch noch die anderen Räume gestrichen und die Duschen installiert werden.

Ich darf Sie darauf hinweisen, dass die Arbeiten laut Vertrag am 14.06.20xx abgeschlossen sein sollen. Vielleicht teilen Sie mir kurz mit, wie das geschehen kann.

Mit freundlichen Grüßen

Matthias Peters

Von: vorname.nachname@email.com
An: info@empfaenger.de
Betreff: RE: Fitness Peters – Renovierungsarbeiten nicht ordnungsgemäß durchgeführt

---

Sehr geehrter Herr Peters,

es tut mir sehr leid, dass die Arbeiten in Ihrem Studio nicht fristgerecht beendet werden können. Unser Vertrag enthält allerdings auch die Information, dass es während der Arbeiten immer zu Verzögerungen kommen kann und dass dies keinen Verstoß gegen den Vertrag bedeuten muss.

Da Sie aber am 15.06. öffnen wollen, schlage ich vor, dass ich zusätzliches Personal beauftrage, um die Arbeit zu beschleunigen. Allerdings müsste ich Ihnen dann zwei weitere Manntage berechnen.

Bitte teilen Sie mir schnellstmöglich Ihre Entscheidung mit.

Mit freundlichen Grüßen

Laura Stein

Von: vorname.nachname@email.com
An: info@empfaenger.de
Betreff: Fitness Peters – Renovierungsarbeiten nicht ordnungsgemäß durchgeführt

---

Sehr geehrter Herr Hummels,

ich wende mich an Sie persönlich, da mir Ihre Servicemitarbeiterin bisher nicht weiterhelfen konnte. Mit Ihrem Unternehmen war vereinbart, dass die Renovierung meines Fitnessstudios (Auftrag Nummer 6789 im Anhang) am 14.06.xx abgeschlossen ist. Das ist nun nicht der Fall, obwohl ich für den 15.06.xx bereits die Wiedereröffnung mit den Mitgliedern geplant habe.

Frau Stein hat vorgeschlagen, zwei weitere Mitarbeiter zu schicken, um den Termin zu halten. Sie möchte dafür aber auch zwei weitere Manntage berechnen. Ich weiß, dass es bei den Arbeiten zu Verzögerungen kommen kann, bin aber trotzdem der Meinung, dass Ihr Unternehmen bei einer derartigen Verspätung in der Pflicht gegenüber seinen Kunden steht. Daher bitte ich Sie, mir mir einen kundenfreundlichen Vorschlag zu machen.

Mit freundlichen Grüßen

Matthias Peters

Szenario H Bitte kümmern Sie sich darum

Erster Schritt:	Besprechung in der Zahnarztpraxis über bevorstehende Aufgaben Aufgaben 1 und 5, Seite 96

1
Bitte bei der Besprechung berücksichtigen

Lieber Etienne,

wie du weißt, kann ich wegen meines Rückens leider nicht bei unserer Besprechung dabeisein. Deshalb bitte ich dich darum, die folgenden Punkte nicht zu vergessen:

Wir sollten Laura eine Gehaltserhöhung anbieten, weil sie im letzten Jahr hervorragende Arbeit geleistet hat. Bitte sag ihr auch noch einmal von mir, dass ich wirklich sehr zufrieden mit ihr bin.

Außerdem wäre es toll, wenn du Laura den neuen Zahntechniker aus dem Labor vorstellen könntest. Du weißt schon, sein Name ist Erik Poser und er wird jetzt für uns arbeiten. Da ist es wichtig, dass er Laura kennenlernt.

Ich hoffe, ich bin nächste Woche wieder fit und danke dir, dass du dich um alles kümmerst.

Viele Grüße

Elena

5

Von: vorname.nachname@email.com
An: info@empfaenger.de
Betreff: Zusammenfassung unseres Gesprächs in der Praxis

Liebe Elena,

ich hoffe, es geht dir langsam besser.

Wir haben am Mittwoch alles Wichtige besprochen. Laura hat sich natürlich sehr über die Gehaltserhöhung gefreut und wird auch weiterhin mit Eifer bei der Sache sein. Auch der neue Zahntechniker hat einen guten Eindruck gemacht und sich auf Anhieb gut mit Laura verstanden.

Es gibt allerdings ein kleines Problem: Laura sagt, dass die Preise unseres bisherigen Lieferanten deutlich gestiegen sind. Laut Herrn Wolf vom Vertrieb liegt das an höheren Einkaufspreisen für Rohstoffe und an einer teureren Produktion. Eine Lösung wäre vielleicht, den Lieferanten zu wechseln. Ich habe kürzlich einen Vertreter einer chinesischen Firma kennengelernt, die ihre Dentalprodukte deutlich günstiger anbietet. Wenn du zurück bist, können wir darüber sprechen.

Bis bald und liebe Grüße

Etienne

Zweiter Schritt: Bestellungen aufgeben und Kaufbedingungen verhandeln
Aufgabe 1–4, Seite 96

1

Von: vorname.nachname@email.com
An: info@empfaenger.de
Betreff: Die neue Materialbestellung

Lieber Etienne,

vielen Dank für deine Nachricht mit den Informationen.

Ich bin ehrlich gesagt nicht sicher, ob wir wirklich den Lieferanten wechseln sollten. Immerhin arbeiten wir schon seit vielen Jahren mit Herrn Wolf zusammen und hatten bisher keinen Grund, unzufrieden zu sein.

Gerade jetzt, wo wir viele Patienten vom Fernsehen haben, ist es besonders wichtig, dass wir nur Qualitätsware verwenden, und das ist vielleicht nicht der richtige Moment für Experimente. Aus meiner Sicht ist es besser, die höheren Preise in Kauf zu nehmen oder noch einmal mit Herrn Wolf zu sprechen, anstatt Produkte zu bestellen, deren Qualität wir nicht kennen.

Ich schreibe Laura noch einmal, dass sie mit Herrn Wolf sprechen soll.

Bis dann und schöne Grüße

Elena

Von: vorname.nachname@email.com
An: info@empfaenger.de
Betreff: Die nächste Bestellung bei Herrn Wolf

Liebe Laura,

ich habe schon von Etienne gehört, dass die Produkte der Firma von Herrn Wolf teurer werden. Das ist bedauerlich, aber trotzdem sehe ich im Moment keinen Grund für einen Wechsel des Lieferanten.

Vielleicht könntest du noch einmal versuchen, Herrn Wolf von einem Preisnachlass zu überzeugen. Ich bin sicher, dass er uns als guten Kunden behalten möchte. Tust du das bitte?

Sicherheitshalber solltest du auch Herrn Li schreiben und dich unverbindlich nach Preisen und Materiallisten erkundigen. Falls Herr Wolf uns nicht entgegenkommt, müssen wir vielleicht doch vergleichen.

Wärst du bitte so nett und erledigst das bis Freitag?

Vielen Dank und schöne Grüße

Elena

2

Von: vorname.nachname@email.com
An: info@empfaenger.de
Betreff: Ihr letztes Angebot vom 29.12.20xx

Sehr geehrter Herr Wolf,

Sie haben uns im vergangenen Jahr das neue Angebot für dieses Jahr geschickt, vielen Dank dafür.

Nun ist es allerdings so, dass die Preise doch deutlich gestiegen sind. Ich weiß, dass Sie mir die Umstände bereits erklärt haben, doch ich bitte Sie hiermit, noch einmal genau zu überlegen, ob Sie uns nicht etwas entgegenkommen können.

Als langjähriger Kunde wünschen wir uns natürlich, dass wir die Zusammenarbeit mit Ihrem Unternehmen fortsetzen können. Wir müssen allerdings auch darauf achten, dass unsere Ausgaben in einem wirtschaftlichen Rahmen bleiben.

Darüber hinaus erwarten wir für das neue Jahr weiterhin große Bestellmengen. Da wäre es umso besser, wenn Sie noch einmal prüfen könnten, ob Nachlässe möglich sind.

Mit freundlichen Grüßen

Laura Frenzel

Von: vorname.nachname@email.com
An: info@empfaenger.de
Betreff: Anfrage wegen Ihrer Dentalprodukte

Sehr geehrter Herr Li,

mein Chef, Etienne Mason, hat mich gebeten, Sie um ein Angebot bezüglich Ihrer Dentalprodukte zu bitten. Sie und Herrn Mason haben sich auf der Messe im vergangenen November kennengelernt.

Wir sind eine Zahnarztpraxis mit einem großen Patientenstamm und benötigen daher regelmäßig unterschiedliche Materialien von Füllmaterialien bis hin zu Rohmaterialien für Kronen, Implantate etc. Im kommenden Jahr werden wir viele ästhetische Behandlungen durchführen und entsprechend Polier- und Bleichmaterial benötigen.

Aufgrund der Wünsche unserer Patienten ist uns höchste Qualität besonders wichtig. Ich bitte Sie daher, mir Ihren Katalog und Ihre Preislisten zukommen zu lassen. Sie können sie gern an diese Mailadresse schicken.

Vielen Dank im Voraus und herzliche Grüße

Laura Frenzel

3

Von: vorname.nachname@email.com
An: info@empfaenger.de
Betreff: RE: Ihr letztes Angebot vom 29.12.20xx

Sehr geehrte Frau Frenzel,

vielen Dank für Ihre Nachricht.

Ich verstehe vollkommen, dass eine Preiserhöhung unsererseits wirtschaftliche Folgen für Ihre Praxis hat, doch leider müssen auch wir die Veränderungen am Markt in unsere Kalkulationen einbeziehen. Durch Preiserhöhungen bei den Rohstoffen und steigende Kosten bei der Produktion hochwertiger Materialien sind wir gezwungen, die Preise für unsere Endprodukte regelmäßig anzupassen.

Selbstverständlich ist mein Unternehmen an einer Fortsetzung der Geschäftsbeziehungen mit Ihrer Praxis interessiert, da wir Sie seit Jahren als guten Kunden schätzen. Gerade deshalb bedaure ich sehr, dass ich Ihnen im Moment nicht weiter entgegenkommen kann.

Mit freundlichen Grüßen

Andreas Wolf

4

Von: vorname.nachname@email.com
An: info@empfaenger.de
Betreff: **RE:** Anfrage wegen Ihrer Dentalprodukte

Sehr geehrte Frau Frenzel,

mit Freude habe ich Ihre Anfrage gelesen und übersende Ihnen gern den anhängenden Katalog und unsere Preislisten.

Ich bin mir dessen bewusst, dass der Markt für qualitativ hochwertige Dentalprodukte aktuell sehr umkämpft ist. Deshalb möchte ich Sie gern darauf hinweisen, dass mein Unternehmen sehr wettbewerbsorientierte Preise anbieten kann. Dies liegt vor allem an den günstigen Produktionsbedingungen. Die Qualität entspricht mit Sicherheit Ihren Standards.

Wenn Sie es wünschen, kann ich Ihnen gern einige Muster zusenden, damit Sie sich von der Qualität überzeugen können.

Ich freue mich auf Ihre Antwort.

Mit freundlichen Grüßen

Zheng Li

Dritter Schritt: Verhandlung mit dem Vertriebsleiter des Großhandels
Aufgaben 1–4, Seite 97

1

Von: vorname.nachname@email.com
An: info@empfaenger.de
Betreff: Unser aktueller Lieferant und deine Alternative

Lieber Etienne,

ich habe mir das Angebot von Herrn Li jetzt einmal genauer angeschaut, aber ich bin immer noch skeptisch.

Ein Problem, das ich sehe, sind zuverlässige Lieferungen. Der Transportweg ist doch recht weit, und ich bin nicht sicher, ob wir uns da wirklich auf regelmäßige Lieferungen verlassen können. Außerdem kann man im Fall einer Fehllieferung wahrscheinlich nicht schnell genug reagieren.

Deshalb denke ich, dass du nochmal mit Herrn Wolf sprechen solltest. Vielleicht kannst du ihm ja klarmachen, dass wir häufig von den Krankenversicherungen abhängen, die nur bestimmte Summen bezahlen.

Viele unserer Patienten haben aber nicht unbedingt das Geld, um hohe Zuzahlungen zu leisten.

Ich hoffe, dass er das versteht.

Viele Grüße

Elena

2

Von: vorname.nachname@email.com

An: info@empfaenger.de

Betreff: Unsere aktuelle Liefervereinbarung

Sehr geehrter Herr Wolf,

Sie hatten kürzlich bereits Kontakt mit meiner Angestellten, Frau Frenzel. Dabei ist vielleicht eine Sache nicht besprochen worden:

Wir erwarten einen deutlichen Anstieg bei den Bestellungen von Polierpasten, Polierköpfen und Bleichmitteln, da viele Mitarbeiter des lokalen Fernsehsenders neuerdings unsere Praxis besuchen. Das bedeutet, dass wir das Bestellvolumen erweitern und erhöhen werden.

Entsprechend wäre ich Ihnen dankbar, wenn Sie das aktuelle Angebot noch einmal überdenken könnten. Schauen Sie sich die anhängende Bestellliste bitte noch einmal an und teilen Sie mir Ihre Überlegungen dazu mit.

Mit freundlichen Grüßen

Etienne Mason

Von: vorname.nachname@email.com

An: info@empfaenger.de

Betreff: RE: Unsere aktuelle Liefervereinbarung

Sehr geehrter Herr Mason,

ich bin sehr erfreut, dass Sie unsere Geschäftsbeziehung offenbar erweitern möchten und gratuliere Ihnen zur Vergrößerung Ihres Patientenstammes.

Da die neue Bestellung unsere bisherigen Mengen deutlich übersteigt, kann ich Ihnen auf diese neue Bestellung einmalig einen Nachlass in Höhe von 10% anbieten. In Zukunft gewähren wir Ihnen dann gern einen Rabatt in Höhe von 5% auf die Produkte, die Sie neu in Ihr Bestellvolumen aufnehmen.

Wären Sie damit zufrieden? Bitte teilen Sie mir bald mit, ob wir so verfahren sollen.

Vielen Dank und herzliche Grüße

Andreas Wolf

Von: vorname.nachname@email.com

An: info@empfaenger.de

Betreff: Neue Bestellung von Dentalprodukten

Liebe Laura,

ich leite dir hier das aktuelle Angebot von Herrn Wolf weiter. Offenbar kommt er uns nun doch entgegen, was mich sehr freut. Auf die nächste Bestellung gewährt er uns 10% Rabatt. Alles Weitere findest du in seiner Mail.

Würdest du bitte die Bestellung zu den neuen Konditionen vornehmen? Herr Wolf sollte sie so schnell wie möglich bekommen, damit unsere Materialien hier nicht knapp werden.

Vielen Dank und Gruß

Etienne

3

Von: vorname.nachname@email.com
An: info@empfaenger.de
Betreff: Bestellung Nr. 123456

Sehr geehrter Herr Wolf,

wir bestellen gemäß Ihrem Angebot (Nr. 12345) vom 17.01.20xx wie folgt:

- 10 Boxen Artikel Nr. 12345
- 20 Behälter Artikel Nr. 34567
- 100 Einheiten Artikel Nr. 7890
- 2000 Einheiten Artikel Nr. 2345
- weitere Artikel wie gehabt pro Quartal

Bitte beachten Sie, dass wir uns auf Ihr letztes Angebot beziehen und vermerken Sie bitte einen Nachlass in Höhe von 10% auf der Rechnung.

Ich bitte Sie ebenfalls, mir den Eingang dieser Bestellung zu bestätigen und zeitnah Informationen zur Lieferung zu schicken.

Im Voraus vielen Dank und herzliche Grüße

Laura Frenzel

4

Von: vorname.nachname@email.com
An: info@empfaenger.de
Betreff: RE: Bestellung Nr. 123456

Sehr geehrte Frau Frenzel,

hiermit bestätige ich o.g. Bestellung und werde sofort den Versand der Produkte veranlassen. Wie mit Herrn Mason vereinbart, gewähren wir Ihnen einen Nachlass von 10% auf die gesamte Bestellung.

Als Lieferdatum garantiere ich Ihnen den 01.02.20xx.

Ich freue mich sehr, dass wir auch weiterhin zusammenarbeiten werden und verbleibe

mit freundlichen Grüßen

Andreas Wolf

Vierter Schritt: Einweisung des Zahntechnikers
Aufgaben 1–3, Seite 98

1

Von: vorname.nachname@email.com
An: info@empfaenger.de
Betreff: Ihre Aufgaben für die kommende Woche

Lieber Herr Poser,

ich habe gehört, dass Sie sich schon ein bisschen bei uns eingearbeitet haben und schicke Ihnen nun die dringenden Aufgaben für die nächste Woche:

Als erstes sollten Sie bitte zwei Zahnkronen für Frau Grohe anfertigen, weil sie schon am Freitag zur Anpassung kommt. Dann brauchen sowohl Herr Krenz als auch Herr Wühler jeweils eine Brücke. Es wäre toll, wenn Sie die auch diese Woche anfertigen könnten. Schließlich brauchen wir noch Schienen für Frau Kindermann und Frau Groebel vom Fernsehen, damit wir mit dem Bleichen beginnen können. Auch diese Schienen müssen diese Woche noch fertiggestellt werden. Kümmern Sie sich bitte darum.

Alle Abdrücke für die Anfertigung finden Sie bei Frau Frenzel im Büro. Ich habe sie hier cc gesetzt, damit Sie Ihnen die entsprechenden Abdrücke heraussucht.

Vielen Dank und bis dann

Herzliche Grüße

Elena Savchenko

2

Von: vorname.nachname@email.com
An: info@empfaenger.de
Betreff: RE: Ihre Aufgaben für die kommende Woche

Liebe Frau Dr. Savchenko,

vielen Dank für die Informationen. Ich werde mich sofort um die Kronen, Brücken und Schienen kümmern. Die Kronen für Frau Grohe sind auf jeden Fall am Freitag zur Anpassung fertig. Auch bei den Brücken und Schienen für die anderen Patienten sehe ich kein großes Problem. Ich müsste allerdings noch wissen, aus welchem Material die Kronen gefertigt werden sollen. Dazu konnte Frau Frenzel mir leider nichts Genaues sagen. Wissen Sie hier vielleicht mehr? Für die Brücken habe ich „Keramik“ in den

Patientenakten gelesen. Ist das richtig? Im Voraus vielen Dank für eine kurze Information dazu.

Mit freundlichen Grüßen

Erik Poser

3

Von: vorname.nachname@email.com

An: info@empfaenger.de

Betreff: Schienen für Frau Groebel

Lieber Erik,

Frau Groebel war heute schon da und wollte Ihre Schienen für das Bleichen abholen. Leider waren sie aber noch nicht fertig.

Ich bin nicht ganz sicher, welchen Termin wir ihr genannt haben und ob da vielleicht ein Missverständnis vorliegt, aber könntest du die Schienen heute noch fertig machen? Dann würde ich sie anrufen und sagen, dass sie morgen wieder vorbeikommen kann.

Bitte schreib mir kurz, ob das möglich ist.

Danke und viele Grüße

Laura

Vorschläge zur Änderung

Von: vorname.nachname@email.com

An: info@empfaenger.de

Betreff: Neuer Lieferant für unsere Materialien

Hallo Elena,

ich habe heute nochmal durchgerechnet, was uns die Preiserhohung bei den Materialien kosten wird, und denke, dass wir uns wirklich nach einem neuen Anbieter umsehen sollten.

Herr Wolf sagt, es sei ihm unmöglich, die Preise zu verändern, und das wird für uns einen ziemlichen Verlust bedeuten. Vielleicht können wir es einmal mit einem günstigeren Anbieter versuchen. Was denkst du?

Viele Grüße

Etienne

Von: vorname.nachname@email.com

An: info@empfaenger.de

Betreff: RE: Neuer Lieferant für unsere Materialien

Hallo Etienne,

danke für deine Nachricht. Vielleicht hast du recht wegen der Kosten, aber ich fürchte immer noch, dass wir mit günstigeren Preisen auch Mängel bei der Qualität hinnehmen müssen. Das macht mir ein bisschen Sorgen.

Kannst du Herrn Li vielleicht bitten, uns für alle Produkte zuerst einmal eine Probe zu schicken? Ich würde mir die Qualität wirklich gern genauer ansehen, bevor wir da eine Entscheidung treffen. Es wäre auch gut, wenn unser neuer Zahntechniker, Herr Poser, einmal einen Blick darauf wirft.

Danke und viele Grüße

Elena

3

Von: vorname.nachname@email.com

An: info@empfaenger.de

Betreff: WTR: Neuer Lieferant für unsere Materialien

Hallo Laura,

schreibst du Herrn Li bitte, dass wir ein Angebot wünschen und um welche Produkte es sich dabei genau handelt? Elena möchte für alle fraglichen Produkte zunächst eine Probe erhalten, damit wir uns ein genaues Bild machen können. Ich habe ihre Mail an dich weitergeleitet.

Dank und viele Grüße

Etienne

4

Von: vorname.nachname@email.com

An: info@empfaenger.de

Betreff: Unsere Dentalprodukte

Sehr geehrte Frau Frenzel,

im Anhang finden Sie unseren Katalog und eine aktuelle Preisliste sämtlicher Produkte unseres Unternehmens. Ich habe für Sie die Produkte, die für Ihre Praxis besonders interessant sind, hervorgehoben.

Ebenfalls freue ich mich, Ihnen als Neukunden einen Nachlass in Höhe von 3% auf die erste Bestellung anbieten zu können. Unsere Lieferzeit beträgt normalerweise 3 Wochen ab Bestellungseingang. Eine Eillieferung ist aber auch möglich. Sprechen Sie mich bitte gern an, wenn Sie das wünschen. Auch weitere Fragen beantworte ich natürlich gern.

Die Proben unserer Produkte sind bereits per Kurier auf dem Weg zu Ihnen und sollten übermorgen geliefert werden.

Mit freundlichen Grüßen

Zheng Li

5

Von: vorname.nachname@email.com
An: info@empfaenger.de
Betreff: Kündigung unserer Zusammenarbeit

Sehr geehrter Herr Wolf,

ich bedaure, Ihnen mitteilen zu müssen, dass wir uns entschieden haben, in Zukunft mit einem anderen Lieferanten zusammenzuarbeiten. Die Preissteigerungen bei Ihren Produkten würden für unsere Praxis zu große wirtschaftliche Nachteile verursachen. Ich hoffe, Sie haben dafür Verständnis.

Vielen Dank für Ihre langjährige Zuverlässigkeit und alles Gute für die Zukunft.

Mit freundlichen Grüßen

Etienne Mason

Szenario I Ich muss Ihnen leider mitteilen, dass ...

Erster Schritt: Einreichen einer Kündigung des Arbeitsvertrags
Aufgaben 1–3, Seite 100

1

Kündigung meiner Arbeitsstelle zum 31.08.20xx

Sehr geehrter Herr König,

ich muss Ihnen leider mitteilen, dass ich meine Arbeitsstelle im Zentrum für Physiotherapie und Rehabilitation am 31.08. dieses Jahres verlassen werde, obwohl ich sehr zufrieden mit unserer Zusammenarbeit bin und mich an dieser Stelle ganz herzlich dafür bedanken möchte. Entsprechend kündige ich hiermit den Arbeitsvertrag zwischen dem Zentrum und mir fristgemäß zum 31.08.20xx.

Vor einigen Wochen wurde mir von der Klinik für Sporttraumatologie eine Stelle als Assistentin der Klinikleitung angeboten. Ich würde hier nicht nur ein höheres Gehalt bekommen, sondern hätte auch die Möglichkeit, mich beruflich weiterzuentwickeln und irgendwann in das Leitungsteam aufzusteigen.

Ich bitte Sie daher um Verständnis für meine Entscheidung. Der Schritt fällt mir nicht leicht, weil ich mich hier immer sehr wohl gefühlt habe, doch ich möchte auch beruflich vorankommen und denke daher, dass die Zeit für einen Wechsel gekommen ist.

Mit freundlichen Grüßen

Hannah Keller

2

Von: vorname.nachname@email.com
An: info@empfaenger.de
Betreff: RE: Kündigung meiner Arbeitsstelle zum 31.08.20xx

Sehr geehrte Frau Keller,

mit Bedauern habe ich Ihre Kündigung gelesen und bestätige hiermit den fristgemäßen Eingang.

Obwohl ich Ihre Entscheidung verstehe, bin ich der Meinung, dass wir noch einmal darüber sprechen sollten. Sie wissen, dass ich Ihre Arbeit sehr schätze und Sie nur ungern gehen lasse. Selbstverständlich bin ich bereit, Ihr aktuelles Gehalt neu festzulegen und Ihnen so einen Grund zu geben, Ihre Entscheidung noch einmal zu überdenken.

Würden Sie mir den Gefallen tun, in Ruhe über Ihre berufliche Zukunft zu sprechen? Ich würde mich sehr freuen, wenn Sie in der kommenden Woche an einem Vormittag Zeit dafür hätten. Gut passt zum Beispiel Mittwoch gegen 10:00 Uhr.

Ich freue mich auf Ihre Nachricht.

Mit freundlichen Grüßen

Lukas König

3

Von: vorname.nachname@email.com
An: info@empfaenger.de
Betreff: RE: RE: Kündigung meiner Arbeitsstelle zum 31.08.20xx

---

Sehr geehrter Herr König,

vielen Dank für Ihre freundlich Nachricht sowie das Angebot.

Gern komme ich am kommenden Mittwoch zu Ihnen ins Büro, um über meine Kündigung zu sprechen. Ich werde pünktlich um 10:00 Uhr da sein.

Mit freundlichen Grüßen

Hannah Keller

Zweiter Schritt: Verhandlungsgespräch
Aufgabe 3, Seite 100

3

Von: vorname.nachname@email.com
An: info@empfaenger.de
Betreff: Zusammenfassung unser mündlichen Vereinbarungen am 23.05.20xx

---

Sehr geehrte Frau Keller,

im Folgenden fasse ich kurz unsere Vereinbarungen im Gespräch am vergangenen Mittwoch zusammen:

Zu meinem Bedauern werden Sie unser Zentrum bereits am 31.07.20xx verlassen. Dazu werde ich einen entsprechenden Auflösungsvertrag vorbereiten und Ihnen zur Unterschrift vorlagen. Da Ihnen auch noch Urlaubstage für das laufende Jahr zur Verfügung stehen, endet Ihre Tätigkeit bereits am 20.07.20xx.

Sie haben sich einverstanden erklärt, Ihre Nachfolgerin (voraussichtlich Frau Julia Richter) vom 18.06. bis zum 20.07.20xx gründlich in alle wichtigen Abläufe Ihrer Arbeitsstelle einzuarbeiten. Ich informiere Sie so bald wie möglich, wenn Frau Richter die Stelle annimmt.

Mit freundlichen Grüßen

Lukas König

Dritter Schritt: Vorbereitung der Einarbeitung
Aufgaben 1–3, Seite 101

1

Von: vorname.nachname@email.com
An: info@empfaenger.de
Betreff: Einarbeitung der neuen Sekretärin Julia Richter vom 18.06. bis zum 20.07.20xx

---

Sehr geehrte Frau Keller,

in der kommenden Woche beginnt Frau Richter Ihre Tätigkeit bei uns. Für einen Monat besteht dann die Gelegenheit zur Einarbeitung.

Ich möchte Sie bitten, Frau Richter in der ersten Woche zunächst mit den Kolleg/innen sowie den Patient/innen bekannt zu machen. Es ist wichtig, sie als neue Ansprechpartnerin vorzustellen. Lassen Sie Frau Richter auch persönlich Kontakt zu allen aufnehmen.

In den übrigen drei Wochen sollten Sie Frau Richter die Arbeit mit unserer Terminsoftware erklären und sie damit arbeiten lassen. Auch ihre weiteren Aufgaben, d.h. Dokumentation von Behandlungsterminen, Vorbereitung der Belege für die Abrechnung mit den Krankenkassen und Einsatzpläne unseres Personals, sollten Sie während dieser Zeit mit ihr durchgehen.

Ich bin sicher, dass Sie beide gut miteinander zurechtkommen werden und bedanke mich im Voraus für Ihre Unterstützung.

Mit freundlichen Grüßen

Lukas König

2

Von: vorname.nachname@email.com

An: info@empfaenger.de

Betreff: Übersicht über Ihre Aufgaben als Assistentin des Zentrumsleiters

---

Sehr geehrte Frau Richter,

in der kommenden Woche beginnt Ihre Einarbeitung in unserem Zentrum für Physiotherapie und Rehabilitation. Mein Name ist Hannah Keller, und ich werde Sie dabei unterstützen.

Zur Vorbereitung schicke ich Ihnen hier eine Checkliste mit den wichtigsten Aufgaben. Wenn Sie Fragen dazu haben, können Sie sich gern an mich wenden.

Mit freundlichen Grüßen

Hannah Keller

Checkliste:

1. Tägliche Aufgaben:

- Kontrolle der eingegangenen Nachrichten in Bezug auf Terminabsagen, Änderungswünsche etc.
- Dokumentation der durchgeführten Behandlungen
- Überarbeitung des Terminplans bei Absagen/ Änderungen
- Bearbeitung weiterer Nachrichten

2. Wöchentliche Aufgaben:

- Erstellung von Behandlungsbelegen nach Angaben des Personals
- Weiterleitung an die entsprechenden Krankenkassen

3. Monatliche Aufgaben:

- Bestellung von Getränken
- Kontakt zum Reinigungspersonal
- Bestellung von Reinigungsmitteln
- Gespräch mit dem Team und der Leitung

4. Unregelmäßige Aufgaben

- Bestellung von Sportgeräten
- Organisation von Wartungsterminen für die Sportgeräte

3

Von: vorname.nachname@email.com

An: info@empfaenger.de

Betreff: RE: Übersicht über Ihre Aufgaben als Assistentin des Zentrumsleiters

---

Sehr geehrte Frau Keller,

vielen Dank für Ihre Nachricht und die Informationen zu meinen Aufgaben. Tatsächlich habe ich ein paar Fragen dazu.

Können Sie mir vielleicht schon im Voraus sagen, welche Bürosoftware Sie verwenden? Ich bin mit einigen Systemen vertraut, aber nicht mit allen.

Dann würde ich gern wissen, wie viele Patient/innen ungefähr pro Woche in Ihr Zentrum kommen und wie häufig Termine geändert werden müssen.

Aber vielleicht ist es am besten, wenn wir an meinem ersten Tag persönlich darüber sprechen. Ich freue mich darauf, Sie am Montag kennenzulernen.

Mit freundlichen Grüßen

Julia Richter

Vierter Schritt: Kontakte mit Patienten zur Terminvereinbarung
Aufgaben 1–5, Seite 101

1

Von: vorname.nachname@email.com
An: info@empfaenger.de
Betreff: Aktuelle Änderungen in Ihrem Zentrum für Physiotherapie und Rehabilitation

---

Liebe Patientinnen und Patienten,

ich muss Ihnen leider mitteilen, dass ich das Zentrum im kommenden Monat verlassen werde. An meiner Stelle wird künftig Frau Julia Richter Ihre Ansprechpartnerin sein und sich um Ihre Behandlungstermine kümmern.

Außerdem informiere ich Sie hiermit darüber, dass wir einen Teil der Termine für nächste Woche neu organisieren müssen, weil es einen Fehler bei der Einsatzplanung unserer Physiotherapeuten gegeben hat. Frau Richter wird das genauer mit Ihnen abstimmen.

Die Arbeit im Zentrum hat mir in den vergangenen Jahren viel Freude gemacht und so möchte ich auch Ihnen ganz herzlich für die schöne Zeit danken. Ich wünsche Ihnen weiterhin gute Genesung und bin sicher, dass Frau Richter Ihnen ebenfalls hilfreich zur Seite steht, wenn Sie neue Termine brauchen.

Mit freundlichen Grüßen

Hannah Keller

2

Von: vorname.nachname@email.com
An: info@empfaenger.de
Betreff: RE: Aktuelle Änderungen in Ihrem Zentrumfür Physiotherapie und Rehabilitation

---

Sehr geehrte Frau Keller/Frau Richter,

vielen Dank für die Informationen. Ich muss Sie allerdings dringend darum bitten, meinen Termin in der nächsten Woche (Dienstag, 26.06.20xx um 14:00 Uhr bei Herrn Solak) nicht zu ändern, da ich nach meinem Sportunfall immer noch starke Schmerzen im Knie habe. Laut meinem Arzt muss die Behandlung auf jeden Fall regelmäßig fortgesetzt werden, damit es nicht zu chronischen Schmerzen kommt.

Im Voraus vielen Dank für Ihr Verständnis.

Mit freundlichen Grüßen

Toma Popescu

3

Von: vorname.nachname@email.com
An: info@empfaenger.de
Betreff: Ihr Termin im Zentrum für Physiotherapie und Rehabilitation am 26.06.20xx um 14:00 Uhr

---

Sehr geehrter Herr Popescu,

vielen Dank für Ihre Nachricht. Mein Name ist Julia Richter, und ich werde mich auch in Zukunft um Ihre Termine hier im Zentrum kümmern.

Für die kommende Woche kann ich Ihnen versichern, dass Ihr Termin bestehen bleibt. Natürlich sorgen wir für eine regelmäßige Behandlung Ihres verletzten Knies.

Ich wünsche Ihnen gute Besserung.

Mit freundlichen Grüßen

Julia Richter

4

Von: vorname.nachname@email.com
An: info@empfaenger.de
Betreff: Absage meines Termins am 28.06.20xx um 09:00 Uhr (bei Frau Hellmann)

Sehr geehrte Frau Richter,

ich muss o.g. Termin für die kommende Woche leider absagen, da ich kurzfristig beruflich verreisen muss und so nicht zur Rückengymnastik bei Frau Hellmann kommen kann. Es tut mir sehr leid, dass ich Sie nicht früher informieren konnte.

Mit freundlichen Grüßen

Tina Lohmann

5

Von: vorname.nachname@email.com

An: info@empfaenger.de

Betreff: RE: Absage meines Termins am 28.06.20xx um 09:00 Uhr (bei Frau Hellmann)

Sehr geehrte Frau Lohmann,

vielen Dank für Ihre Nachricht.

Bitte machen Sie sich keine Sorgen, es kommt ja immer wieder mal vor, dass Termine nicht eingehalten werden können.

Als Alternative schlage ich den 02.07.20xx um 08:00 Uhr vor, damit Ihre Behandlung nicht zu lange pausiert. Frau Hellmann würde dann wieder Ihre Rückengymnastik begleiten.

Wäre der Termin für Sie passend?

Im Voraus vielen Dank für eine kurze Antwort und herzliche Grüße

Julia Richter

Fünfter Schritt: Dankbarkeit ausdrücken
Aufgaben 1–3, Seite 102

1

Von: vorname.nachname@email.com

An: info@empfaenger.de

Betreff: Mein Ausscheiden aus dem Zentrum

Lieber Herr König,

nun rückt mein letzter Tag im Zentrum langsam näher. Deshalb möchte ich mich an dieser Stelle noch einmal ganz herzlich bei Ihnen für die gute und hilfreiche Zeit hier bedanken.

Vor fünf Jahren haben Sie mir die Chance gegeben, einen Einstieg in den Beruf zu finden, und danach konnte ich auch durch Ihre Unterstützung wertvolle Erfahrungen sammeln, die mir sicher weiterhin nützlich sein werden.

Gerade deswegen möchte ich noch einmal sagen, dass ich das Zentrum nicht verlasse, weil ich unzufrieden war, sondern um mich beruflich weiterzuentwickeln.

Nochmals vielen Dank für Ihre Unterstützung und die freundliche Zusammenarbeit.

Herzliche Grüße

Hannah Keller

2

Von: vorname.nachname@email.com

An: info@empfaenger.de

Betreff: RE: Mein Ausscheiden aus dem Zentrum

Liebe Frau Keller,

herzlichen Dank für Ihre freundliche Nachricht. Ich bin meinerseits ebenfalls sehr dankbar für Ihre gute Arbeit hier bei uns.

Sie waren während der letzten Jahre stets zuverlässig, freundlich und professionell, sodass ich niemals bereut habe, Sie eingestellt zu haben.

Ich wünsche Ihnen viel Erfolg und Freude bei Ihrer neuen Arbeit und auf Ihrem weiteren Lebensweg ebenfalls alles Gute!

Mit freundlichen Grüßen

Lukas König

3

Von: vorname.nachname@email.com

An: info@empfaenger.de

Betreff: RE: RE: Mein Ausscheiden aus dem Zentrum

Lieber Herr König,

ich bedanke mich für die netten Wünsche und versichere Ihnen, dass Frau Richter eine gute Nachfolgerin ist. Sie hat in den letzten Tagen alles Wichtige erfahren und viele Aufgaben schon selbstständig erledigt.

Um mich von allen zu verabschieden, veranstalte ich am 20.07.20xx ab 18:00 Uhr eine kleine Feier unten in der Kantine. Ich würde mich sehr freuen, wenn Sie ebenfalls dabei sein könnten.

Hoffentlich bis dahin und viele Grüße

Hannah Keller

Vorschläge zur Änderung

Kündigung meines Arbeitsvertrags zum 31.07.20xx

Sehr geehrter Herr König,

da ich kürzlich ein interessantes Stellenangebot von der Elbstrand-Klinik erhalten habe, kündige ich hiermit meinen Arbeitsvertrag mit Ihrem Zentrum fristgemäß zum 31.07.20xx.

Wie Sie wissen, hatten wir schon häufiger Schwierigkeiten damit, meine Arbeitszeiten flexibler zu gestalten. Das war manchmal ein Nachteil für mein Familienleben. Meine neue Arbeitsstelle bietet mir da mehr Freiheiten, weil das Team größer ist.

Ich hoffe auf Ihr Verständnis und verbleibe

mit freundlichen Grüßen

Aslan Solak

Von: vorname.nachname@email.com
An: info@empfaenger.de
Betreff: Kündigung Ihres Arbeitsvertrags zum 31.07.20xx

Sehr geehrter Herr Solak,

ich bestätige den Eingang Ihrer Kündigung und bedaure sehr, dass Sie diesen Schritt gehen möchten.

Sie wissen, dass Sie bei unseren Patient/innen zu den beliebtesten Mitarbeitern zählen, und können sich sicher vorstellen, dass es in meinem Interesse liegt, Sie hier im Zentrum zu halten.

Daher schlage ich vor, dass wir noch einmal über Ihre aktuelle berufliche Situation sprechen und zusammen überlegen, wie ich Ihnen bei der besseren Vereinbarkeit von Beruf und Familienleben helfen kann. Möglicherweise können wir uns auf eine Änderung Ihres Arbeitsvertrags einigen, durch die Ihnen mehr Freiheiten entstehen.

Ich wäre Ihnen sehr dankbar, wenn Sie einem Gespräch zustimmen würden. Als Termin schlage ich übermorgen um 16:00 Uhr vor.

Mit freundlichen Grüßen

Lukas König

Szenario J Die Produktpräsentation

Erster Schritt:	Vorbereitung des Messestands und der Präsentation Aufgaben 1–4, Seite 104

1

Von: vorname.nachname@email.com
An: info@empfaenger.de
Betreff: Unsere letzten Verkaufszahlen

Lieber Gabriel,

hier kommen wie versprochen die aktuellen Verkaufszahlen in Bezug auf unsere Wasserhähne für moderne Bäder:

Den größten Absatz haben wir in Deutschland. Hier wurden im vergangenen Jahr knapp 200.000 Stück unseres Wasserhahns „Lima" verkauft, zum großen Teil an Privathaushalte. Außerdem wurden noch einmal ca. 150.000 Stück ins westeuropäische Ausland verkauft, und ebenso knapp 100.000 in die USA. Die Entwicklung ist also positiv, wir konnten den Umsatz unseres Produkts im dritten Jahr in Folge um fast 10% steigern.

Interessant ist vielleicht, dass sich auch immer mehr Hotels und Ferienwohnanlagen für unsere Produkte interessieren. Viele Inhaber scheinen bemerkt zu haben, dass ihre Gäste das Design mögen und dass Qualitätsprodukte eine längere Lebensdauer haben und so am Ende kostengünstiger sind, weil sie nicht so oft ausgetauscht werden müssen.

Ich hoffe, die Zahlen helfen dir weiter. Viel Erfolg bei der Präsentation auf der Messe.

Viele Grüße

Joel

2

Wasserhahn „Lima“ für moderne Bäder

1. Verkaufsentwicklung des Produkts:
   - Absatz von insgesamt ca. 450.000 Stück weltweit im letzten Jahr
   - davon ca. 200.000 Stück in Deutschland
   - 10% Umsatzsteigerung
   - steigendes Interesse in der Tourismusbranche
2. Vorteile des Produkts:
   - klassisches, elegantes Design, passt zu vielen Badezimmereinrichtungen
   - Material ist sehr beständig, Garantie von 5 Jahren bei sachgemäßer Nutzung
   - neu: Wasserspartaste reduziert Wasserverbrauch

3

- Lieferungen ab 500 Stück weltweit möglich
- Lieferzeit Deutschland 1 Woche
- Lieferzeit europäisches Ausland ca. 2 Wochen
- Lieferzeit weltweit zwischen 8 und 14 Wochen
- Messeangebot: 5% Nachlass auf den Einkaufspreis für neue Geschäftspartner ab einer Bestellung von 1.000 Stück

4

Von: vorname.nachname@email.com
An: info@empfaenger.de
Betreff: Vorbereitung der Messe

Lieber Joel,

wir sind mit unseren Vorbereitungen soweit fertig und warten auf den Beginn des ersten Messetages. Der Stand ist sehr schön geworden, und unsere Produkte werden auch in diesem Jahr wieder viele Interessenten anlocken. Da bin ich mir ganz sicher.

Es ist also im Moment alles in Ordnung. Ich melde mich bei dir, falls wir noch irgendetwas brauchen oder wissen müssen.

Bis dann viele Grüße

Marzhan

Zweiter Schritt: Präsentieren und Fragen beantworten
Aufgaben 4 und 5, Seite 104

4

Wasserhahn „Lima“

- sehr elegantes Design
- hochwertiges Material (Messing/Edelstahl), pflegeleicht und belastbar
- kann auf „Wasser sparen“ eingestellt werden
- Kosten pro Stück zwischen 63,00 € und 94,00 € (je nach Ausführung)
- gut geeignet für den Bau einer Bad- und Thermenlandschaft in Brandenburg
- ebenfalls gut geeignet für das Design-Hotel in München

5

Wasserhahn „Lima"

- Lieferzeit nach Spanien ca. 2 Wochen in größere Städte
- kleinere Mengen in abgelegene Regionen können länger dauern
- Preis pro Stück ab 63,00 €
- 5% Nachlass ab 1.000 Stück Bestellmenge
- eher für luxuriöse Bäder geeignet
- qualitativ sehr hochwertig

Dritter Schritt: Ideen austauschen
Aufgaben 5 und 6, Seite 105

5

Von: vorname.nachname@email.com
An: info@empfaenger.de
Betreff: Aktuelle Entwicklungen bei der Messe

Lieber Joel,

die Präsentation unseres neuen Modells war ein voller Erfolg.

Wir verhandeln mit dem Vertreter eines Großhändlers in Spanien, der den Wasserhahn (und wahrscheinlich weitere Armaturen von uns) in sein Sortiment mit aufnehmen möchte. Wenn der Auftrag zustande kommt, müssen wir unsere Kapazitäten erhöhen, weil es hier wirklich um große Mengen geht. Melanie hat dem Interessenten alles erklärt.

Außerdem interessiert sich eine bekannte Innendesignerin für unsere Produkte. Sie möchte damit gern Wellness-Anlagen und Luxushotels ausstatten.

Du siehst, wir haben hier gut zu tun.

Viele Grüße

Marzhan

6

Von: vorname.nachname@email.com
An: info@empfaenger.de
Betreff: RE: Aktuelle Entwicklungen bei der Messe

Liebe Marzhan,

das hört sich ja großartig an. Ich freue mich sehr, dass unsere Produkte so gut ankommen, und hoffe, dass das auch an den anderen Tagen so weitergeht.

Es wäre perfekt, wenn einige der Interessenten auch wirklich Aufträge erteilen würden. Schließlich wollen wir unser Unternehmen ausbauen, und mit einem Großauftrag aus Spanien wäre das auch möglich.

Bitte grüß das ganze Team von mir und danke an euch alle für die gute Arbeit.

Viele Grüße

Joel

Vierter Schritt: Kontaktformulare ausfüllen und Nachfassen per E-Mail
Aufgaben 1–4, Seite 105

1

Name: Olivia Fuchs
Firma: Fuchs Interieur und Design
Adresse: Perlbachweg 3
60777 Frankfurt/Main
E-Mail: post@fuchsinterieur.de
Telefon: +49 69 12345678
Interesse: Wasserhahn „Lima" und weitere Armaturen für Luxusbäder

Name: Alonso Gutierrez
Firma: Vartex
Adresse: Villa de Tarragona 5
25001 Lleida (Spanien)
E-Mail: info@vartexgr.es
Telefon: +34 973 11223344
Interesse: Wasserhahn „Lima" und weitere Armaturen zur Aufnahme ins Sortiment eines Großhändlers für Barinstallationen in ganz Spanien

2

Von: vorname.nachname@email.com

An: info@empfaenger.de

Betreff: Zusammenfassung des Gesprächs mit neuen Interessenten

---

Lieber Joel,

ich fasse für dich noch einmal kurz die Ergebnisse unseres Gesprächs mit den möglichen Neukunden zusammen:

Frau Fuchs wäre eine ideale Neukundin für unsere Badinstallationen im Luxussegment. Sie richtet überall in Deutschland exklusive Hotel- und Wellness-Anlagen ein und legt großen Wert auf schöne Bäder. Sie wird die Preise mit ihren Auftraggebern besprechen und genauere Angebote bei uns einholen.

Herr Gutierrez ist ein bisschen besorgt, ob wir größere Bestellmengen zeitnah realisieren können. Er ist einer der größten Händler von Sanitärinstallationen in Spanien und beliefert Bauunternehmen, Baumärkte und Installateurbetriebe im ganzen Land. Das Zentrallager befindet sich in Lleida, im Westen von Katalonien. Du solltest dich bald bei den beiden melden. Sie waren wirklich sehr interessiert.

Viele Grüße

Marzhan

3

Von: vorname.nachname@email.com

An: info@empfaenger.de

Betreff: Unser Gespräch auf der Messe „Wasser, Klima, Heizung“

Sehr geehrte Frau Fuchs,

ich möchte mich noch einmal ganz herzlich für Ihr Interesse an unseren Sanitärprodukten und das nette Gespräch am Stand bedanken.

Zu Ihrer Information möchte ich noch hinzufügen, dass wir auf der Messe nicht alle unsere Produkte vorstellen konnten und dass wir unsere Produktlinie natürlich ständig weiterentwickeln. Das Design des Wasserhahns „Lima“ wird beispielsweise demnächst auch in anderen Farben verfügbar sein. Sollten Sie also Fragen zu anderen Modellen aus unserem Katalog haben, stehen mein Team und ich Ihnen jederzeit gern zur Verfügung.

Ich freue mich, von Ihnen zu hören.

Mit freundlichen Grüßen

Gabriel Krämer

Von: vorname.nachname@email.com

An: info@empfaenger.de

Betreff: Unser Gespräch auf der Messe „Wasser, Klima, Heizung“

Sehr geehrter Herr Gutierrez,

nochmals herzlichen Dank für Ihr Interesse und das nette Gespräch an unserem Messestand.

Ich möchte Sie darüber informieren, dass wir unsere aktuelle Produktlinie ständig weiterentwickeln und zum neuen Jahr einige innovative Produkte für die Wassertechnologie in der Küche auf den Markt bringen werden. Sollte Ihr Unternehmen auch in diesem Bereich Interesse haben, lasse ich Ihnen gern den entsprechenden Katalog zukommen.

Für weitere Fragen stehen mein Team und ich Ihnen gern zur Verfügung.

Mit freundlichen Grüßen

Gabriel Krämer

4

Von: vorname.nachname@email.com

An: info@empfaenger.de

Betreff: Firmenkontakt auf der Messe „Wasser, Klima, Heizung“

Sehr geehrte Frau Fuchs,

vor Kurzem haben Sie auf der Messe einige meiner Mitarbeiter kennengelernt. Da ich persönlich nicht vor Ort sein konnte, möchte ich mich Ihnen an dieser Stelle kurz vorstellen:

Mein Name ist Joel Winkler und ich bin der Inhaber von Winkler Badeinrichtung. Meine Mitarbeiter haben mir von Ihren Projekten im Bereich Innendesign berichtet, und da freut es mich natürlich besonders, dass Sie Interesse an unseren Produkten haben.

Ich denke, dass wir beide von einer Zusammenarbeit profitieren können und versichere Ihnen daher, dass ich mich gern persönlich mit Ihnen unterhalte, um die Möglichkeiten zu besprechen. Sprechen Sie mich also gern an, wenn Sie Fragen haben.

Mit freundlichen Grüßen

Joel Winkler

Von: vorname.nachname@email.com
An: info@empfaenger.de
Betreff: Firmenkontakt auf der Messe „Wasser, Klima, Heizung“

Sehr geehrter Herr Gutierrez,

vor Kurzem haben Sie auf der Messe einige meiner Mitarbeiter an unserem Stand angesprochen und sich nach einer Zusammenarbeit erkundigt. Da ich persönlich nicht vor Ort sein konnte, möchte ich mich Ihnen an dieser Stelle kurz vorstellen:

Mein Name ist Joel Winkler und ich bin der Inhaber von Winkler Badeinrichtung. Meine Mitarbeiter haben mir berichtet, dass Sie einen Großhändler für Sanitärinstallationen in Spanien vertreten. Das ist natürlich sehr interessant für uns, weil wir bereits in einigen Ländern in Europa erfolgreich sind und unser Geschäft ständig ausbauen.

Entsprechend versichere ich Ihnen, dass wir auch größere Bestellmengen zeitnah realisieren können. Gern treffe ich Sie persönlich und bespreche mit Ihnen die Möglichkeiten einer Zusammenarbeit zwischen unseren Unternehmen.

Mit freundlichen Grüßen

Joel Winkler

Vorschläge zur Änderung

1

Von: vorname.nachname@email.com
An: info@empfaenger.de
Betreff: Erweiterung der Präsentation

Liebe Marzhan,

ich habe mir überlegt, dass Gabriel vielleicht doch auch unseren neuen Duschkopf mit Sprühtechnologie präsentieren sollte.

Im letzten Jahr haben wir innerhalb von 10 Wochen schon 50.000 Stück davon verkauft und sehr positive Rückmeldungen von den Händlern erhalten. Da das Produkt noch recht neu ist, könnten wir es auf der Messe bekannter machen.

Sagst du Gabriel bitte, dass er seine Präsentation ergänzen soll? Das wäre sehr nett.

Vielen Dank und schöne Grüße

Joel

4

Von: vorname.nachname@email.com
An: info@empfaenger.de
Betreff: Ihr Duschkopf „Manaus“ – Bestellung mit Neukundenrabatt

---

Liebe Frau Keller,

wie bereits an Ihrem Messestand besprochen, möchte ich gern 300 der o.g. Duschköpfe bestellen.

Ich entwickle im Moment ein Designkonzept für ein großes Wintersporthotel in den bayrischen Alpen. Die Duschköpfe sollen sowohl in den Bädern als auch im hoteleigenen Spa installiert werden.

Entsprechend bestelle ich hiermit 300 Stück Duschkopf „Manaus“ inklusive Armatur zum Stückpreis von 210,00 €. Bitte beachten Sie, dass Sie mir gemäß Ihrem Messeangebot als Neukundin einen Nachlass von 5% gewähren. Die Lieferung sollte in ca. drei Monaten erfolgen.

Ich freue mich auf Ihre Bestätigung.

Mit freundlichen Grüßen

Olivia Fuchs

5

Von: vorname.nachname@email.com
An: info@empfaenger.de
Betreff: RE: Ihr Duschkopf „Manaus“ – Bestellung mit Neukundenrabatt

---

Sehr geehrte Frau Fuchs,

wir bedanken uns herzlich für Ihre Bestellung und bestätigen deren Bearbeitung unter der Auftragsnummer 1234.56. Sie erhalten wunschgemäß:

- 300 Stück x Duschkopf „Manaus“ mit Armatur (Stückpreis 210,00 €):
  € 63.000
- abzüglich 5% Neukundenrabatt (Messeangebot): € 3.150
- (inkl. 19% MWSt) € 59.850

Die Anlieferung erfolgt gemäß Ihrem Wunsch am 12.08.20xx durch unseren Spediteur. Die Rechnungsstellung erfolgt nach Lieferung an den gewünschten Ort. Zu den Lieferkosten s. unsere AGB im Anhang.

Mit freundlichen Grüßen

Melanie Keller

Szenario K Wir erwarten eine wichtige Sendung

Erster Schritt: Bestellung von Drucksachen
Aufgaben 1–5, Seite 108

1

Von: vorname.nachname@email.com
An: info@empfaenger.de
Betreff: Ihr Angebot Nr. 1234.789 vom 08.09.20xx

Liebe Frau Davis,

gemäß Ihrem o.g. Angebot bestellen wir hiermit wie folgt:

Für unser Nutzerevent am 18.10.20xx benötigen wir je 200 Broschüren mit unserer Leistungsbeschreibung, vierfarbig Hochglanz mit Kartoneinband, sowie 200 Konferenzmappen aus Karton, ebenfalls vierfarbig Hochglanz mit Fach für Einleger.

Für die Gestaltung wählen wir Ihren Layout-Vorschlag Nummer 3 vom 08.09.20xx.

Die fertigen Drucksachen werden am 15.10.20xx an unser Unternehmen geliefert.

Mit freundlichen Grüßen

Christiane Götz

2

Von: vorname.nachname@email.com
An: info@empfaenger.de
Betreff: Bestellung Nr. 1234.789 – 200 Broschüren und Konferenzmappen für Gumpert Software

Sehr geehrter Herr Scholz,

ich bestelle hiermit 200 Broschüren sowie 200 Konferenzmappen für die Firma Gumpert Software, die gemäß meinem Entwurf im Anhang von Ihrem Unternehmen hergestellt werden.

Beide Druckerzeugnisse werden als Vierfarbdruck auf Karton (Umschlag der Broschüre und Mappen) gestaltet. Die Mappen müssen ein Fach für Einleger besitzen. Das Papier im Inneren der Broschüre sollte 15 Seiten der Stärke 200g/m2 umfassen. Der Druck erfolgt als Hochglanz.

Genauere Angaben zu Farben und Positionierung des Firmenlogos entnehmen Sie bitte dem Layout im Anhang. Die Anlieferung erfolgt am 15.10.20xx an das Unternehmen Gumpert Software.

Im Voraus vielen Dank und herzliche Grüße

Regina Davis

3

Von: vorname.nachname@email.com
An: info@empfaenger.de
Betreff: Abholung von 10 Paketen mit Drucksachen zur Auslieferung am 15.10.20xx

Lieber Herr Prashad,

einer Ihrer Fahrer müsste bitte am 14.10.20xx 10 Pakete mit Drucksachen in unserer Druckerei abholen und am 15.10.20xx an die Firma Gumpert Software, Dieselweg 2 in 10111 Berlin ausliefern.

Wir beziehen uns bei dieser Bestellung auf Ihre aktuell gültige Preisliste für den Großraum Berlin und unseren Stammkundenrabatt i.H.v. 2%.

Bitte bestätigen Sie mir kurz diese Bestellung und die Termine.

Vielen Dank und schöne Grüße

Bruno Scholz

4

Von: vorname.nachname@email.com
An: info@empfaenger.de
Betreff: RE: Abholung von 10 Paketen mit Drucksachen zur Auslieferung am 15.10.20xx Auftrag Nr. 123456E

Lieber Herr Scholz,

hiermit bestätige ich den Eingang Ihrer Bestellung.

Unser Fahrer wird die Drucksachen wunschgemäß am 14.10.20xx zwischen 09:00 und 16:00 Uhr bei Ihnen abholen. Sie werden dann am 15.10.20xx vormittags an Gumpert Software ausgeliefert.

Ich freue mich, Ihnen anbieten zu können, dass wir Ihnen für diesen Auftrag sogar einen Kundenrabatt von 3% gewähren können.

Mit freundlichen Grüßen

Raj Prashad

5

Von: vorname.nachname@email.com

An: info@empfaenger.de

Betreff: RE: Abholung von 10 Paketen mit Drucksachen zur Auslieferung am 15.10.20xx Auftrag Nr. 123456E

Lieber Herr Prashad,

herzlichen Dank für Ihr großzügiges Angebot. Es freut uns sehr, dass Sie Ihre Stammkunden so gut behandeln.

Ich erteile Ihnen also hiermit den Auftrag gemäß den Konditionen in Ihrem Angebot.

Mit freundlichen Grüßen

Bruno Scholz

Zweiter Schritt: Nachfrage wegen Lieferverzögerung
Aufgaben 1–4, Seite 108

1

Von: vorname.nachname@email.com

An: info@empfaenger.de

Betreff: Drucksachen für Gumpert Software – DRINGEND

Liebe Frau Davis,

ich habe für den heutigen Tag 200 Broschüren und 200 Konferenzmappen bei Ihrer Agentur bestellt (Bestellung Nr. 1234.789), doch leider sind die Drucksachen bis jetzt nicht geliefert worden.

Da wir sie für eine wichtige Veranstaltung in zwei Tagen benötigen, bitte ich Sie dringend mir mitzuteilen, ob da ein Fehler passiert ist und wann wir mit der Lieferung rechnen können.

Vielen Dank für eine schnelle Antwort und schöne Grüße

Christiane Götz

2

Von: vorname.nachname@email.com

An: info@empfaenger.de

Betreff: RE: Drucksachen für Gumpert Software – DRINGEND

Liebe Frau Götz,

ich entschuldige mich vielmals für die Verzögerung und versichere Ihnen hiermit, dass ich mich sofort um die Erledigung Ihres Auftrags kümmern werde. Mein Entwurf ist eigentlich pünktlich an die Druckerei gegangen, aber ich werde sofort dort nachfragen und mich dann wieder bei Ihnen melden.

Bitte entschuldigen Sie die Unannehmlichkeiten.

Mit freundlichen Grüßen

Regina Davis

Von: vorname.nachname@email.com

An: info@empfaenger.de

Betreff: Drucksachen für Gumpert Software – DRINGEND

Sehr geehrter Herr Scholz,

ich muss Ihnen leider mitteilen, dass die von uns bestellten Drucksachen (Bestellung Nr. 1234.789 – 200 Broschüren und Konferenzmappen für Gumpert Software) bisher nicht bei unserem Kunden eingegangen sind, obwohl die Lieferung für heute Vormittag vereinbart war.

Unser Kunde ist entsprechend verärgert. Daher bitte ich Sie, mir schnellstmöglich mitzuteilen, wo sich die Sendung aktuell befindet und wann wir mit einer Auslieferung rechnen können.

Danke und viele Grüße

Regina Davis

3

Von: vorname.nachname@email.com

An: info@empfaenger.de

Betreff: RE: Drucksachen für Gumpert Software – DRINGEND

Sehr geehrte Frau Davis,

das ist seltsam, weil die Pakete gestern wie vereinbart bei uns abgeholt worden sind. Aber ich verstehe natürlich, dass Ihr Kunde sich nun Sorgen macht und verspreche Ihnen, dass ich mich sofort mit unserem Transportunternehmen in Verbindung setzen werde.

Ich melde mich wieder, sobald ich Genaueres weiß.

Mit freundlichen Grüßen

Bruno Scholz

Von: vorname.nachname@email.com

An: info@empfaenger.de

Betreff: Abholung von 10 Paketen mit Drucksachen zur Auslieferung am 15.10.20xx Auftrag Nr. 123456E – DRINGENDE NACHFRAGE

Lieber Herr Prashad,

eigentlich war die Erledigung des o.g. Auftrags für heute Vormittag vorgesehen, doch leider sind die Drucksachen noch nicht beim Endkunden angekommen. Die Abholung erfolgte allerdings vereinbarungsgemäß gestern Nachmittag.

Da es sich um einen eiligen Auftrag handelt, bitte ich Sie, mir umgehend mitzuteilen, was passiert ist und wann die Pakete geliefert werden.

Vielen Dank und schöne Grüße

Bruno Scholz

4

Von: vorname.nachname@email.com

An: info@empfaenger.de

Betreff: RE: Abholung von 10 Paketen mit Drucksachen zur Auslieferung am 15.10.20xx Auftrag Nr. 123456E – DRINGENDE NACHFRAGE

Lieber Herr Scholz,

vielen Dank für Ihre Nachricht.

ich kann Ihnen zum aktuellen Zeitpunkt nur sagen, dass der Fahrer mit Ihrer Sendung noch unterwegs ist. Vielleicht ist die Verkehrslage heute schwierig, sodass er noch nicht zum Empfänger fahren konnte.

Selbstverständlich werde ich den Fahrer sofort kontaktieren und Ihnen dann mitteilen, wo sich die Sendung befindet.

Mit freundlichen Grüßen

Raj Prashad

Dritter Schritt: Beschwerde und Lösungsvorschläge
Aufgaben 2, 6 und 7, Seite 109

2

Von: vorname.nachname@email.com

An: info@empfaenger.de

Betreff: Sendung für Gumpert Software immer noch nicht geliefert – EILIG!

Sehr geehrter Herr Scholz,

eben hat mich unser Kunde angerufen und mir mitgeteilt, dass die Sendung (Bestellung Nr. 1234.789 – 200 Broschüren und Konferenzmappen für Gumpert Software) immer noch nicht angekommen ist.

Sie haben mir gestern bereits versprochen, dass Sie sich darum kümmern, aber bisher habe ich nichts weiter von Ihnen gehört. Möglicherweise können Sie sich vorstellen, dass ich meinem Kunden gegenüber verpflichtet bin und mich sehr über diese Verzögerung ärgere, die ich nicht verursacht habe.

Ich erwarte von Ihnen eine sofortige Lösung und hoffe auf eine schnelle Antwort.

Mit freundlichen Grüßen

Regina Davis

6

Von: vorname.nachname@email.com
An: info@empfaenger.de
Betreff: Falsche Adresse auf Paketen – Auftrag Nr. 123456E

Lieber Herr Scholz,

wir konnten das Problem nun lösen und werden uns sofort um die Auslieferung kümmern.

Unser Fahrer hat mir eben mitgeteilt, dass er gestern nicht liefern konnte, weil die Adresse auf den Paketen offenbar falsch angegeben ist.

Würden Sie mir also bitte schnell die richtige Lieferadresse schicken?

Im Voraus vielen Dank und herzliche Grüße

Raj Prashad

7

Von: vorname.nachname@email.com
An: info@empfaenger.de
Betreff: RE: Sendung für Gumpert Software immer noch nicht geliefert – EILIG!

Sehr geehrte Frau Davis,

der Fehler ist gefunden. Offenbar wurden die Pakete mit den Drucksachen mit einer falschen Adresse versehen. Ich entschuldige mich vielmals für diese Unachtsamkeit und versichere Ihnen, dass die Ware in diesem Moment auf dem Weg zu Ihrem Kunden ist. Ich melde mich noch einmal, sobald ich die Lieferbestätigung habe.

Mit freundlichen Grüßen

Bruno Scholz

Vierter Schritt: Versenden der Lieferbestätigung
Aufgaben 1–4, Seite 109

1

Von: vorname.nachname@email.com
An: info@empfaenger.de
Betreff: Auftrag Nr. 123456E – Sendung zugestellt

Hallo Raj,

ich habe die Pakete soeben bei Gumpert Software abgeliefert. Die unterschriebene Bestätigung findest du im Anhang.

Viele Grüße

Henry Kovac

2

Von: vorname.nachname@email.com
An: info@empfaenger.de
Betreff: Auftrag Nr. 123456E – Sendung zugestellt

Lieber Herr Scholz,

ich freue mich, Ihnen mitteilen zu können, dass die Sendung mit o.a. Auftragsnummer soeben beim Endkunden angekommen ist.

Im Anhang leite ich Ihnen die Lieferbestätigung weiter, damit Sie sehen können, dass nun alles in Ordnung ist.

Mit freundlichen Grüßen

Raj Prashad

3

Von: vorname.nachname@email.com
An: info@empfaenger.de
Betreff: RE: Auftrag Nr. 123456E – Sendung zugestellt

Lieber Herr Prashad,

vielen Dank für die schnelle Erledigung und die Information, dass alles geklappt hat.

Mit freundlichen Grüßen

Bruno Scholz

Von: vorname.nachname@email.com
An: info@empfaenger.de
Betreff: Bestellung Nr. 1234.789 – Sendung zugestellt

Liebe Frau Davis,

nun ist alles in Ordnung, die Mappen und Broschüren sind noch rechtzeitig bei Ihrem Kunden eingetroffen. Die Details entnehmen Sie bitte der Lieferbestätigung im Anhang.

Ich entschuldige mich nochmals für die Unannehmlichkeiten und versichere Ihnen, dass wir in Zukunft zweimal auf die Adresse schauen, bevor wir Pakete an das Transportunternehmen übergeben.

Mit freundlichen Grüßen

Bruno Scholz

4

Von: vorname.nachname@email.com
An: info@empfaenger.de
Betreff: RE: Bestellung Nr. 1234.789 – Sendung zugestellt

Lieber Herr Scholz,

jetzt bin ich erleichtert, vielen Dank für Ihre Nachricht.

Ich habe eben nochmal mit dem Kunden telefoniert und erfahren, dass das Event nun wie geplant stattfinden kann. Es ist also alles nochmal gut gegangen.

Vielen Dank, dass Sie sich darum gekümmert haben, den Fehler aufzuklären und bis zum nächsten Mal.

Mit freundlichen Grüßen

Regina Davis

Vorschläge zur Änderung

2

Von: vorname.nachname@email.com
An: info@empfaenger.de
Betreff: Bestellung Nr. 1234.789 – Fehler bei der Drucklegung – DRINGEND

Sehr geehrter Herr Scholz,

ich habe soeben von unserem Kunden, Gumpert Software, eine telefonische Beschwerde erhalten. Laut Frau Götz von Gumpert Software stimmen die von Ihnen verwendeten Farben nicht exakt mit denen des Unternehmens überein. Das Logo ist zu hell und wirkt entsprechend blass, und auch die Gestaltung der Umschläge entspricht nicht meinen Angaben im Auftrag.

Ich muss Sie daher bitten, noch heute neu zu drucken und die Drucksachen erneut an Gumpert Software zu schicken. Zur Sicherheit hänge ich Ihnen das Layout mit den genauen Farbangaben noch einmal an.

Danke für eine kurze Bestätigung, dass Sie sich heute noch darum kümmern werden.

Mit freundlichen Grüßen

Regina Davis

3

Von: vorname.nachname@email.com
An: info@empfaenger.de
Betreff: RE: Bestellung Nr. 1234.789 – Fehler bei der Drucklegung – DRINGEND

Liebe Frau Davis,

vielen Dank für Ihre Nachricht.

Ich werde sofort veranlassen, dass die Unterlagen neu gedruckt und morgen verschickt werden. Bitte entschuldigen Sie diese Nachlässigkeit.

Mit freundlichen Grüßen

Bruno Scholz

Von: vorname.nachname@email.com
An: info@empfaenger.de
Betreff: Anfrage wegen Eillieferung an Gumpert Software – DRINGEND

Lieber Herr Prashad,

leider waren unsere Drucksachen, die Ihr Unternehmen gestern in unserem Auftrag an Gumpert Software geliefert hat, fehlerhaft.

Wir drucken die Broschüren und Mappen gerade neu und möchten Sie bitten, für uns eine Eillieferung an Gumpert Software durchzuführen. Könnte einer Ihrer Fahrer die Pakete bitte heute Nachmittag um 17:00 Uhr bei uns abholen und auf direktem Weg zum Kunden bringen?

Im Voraus vielen Dank für eine schnelle Antwort und herzliche Grüße

Bruno Scholz

4

Von: vorname.nachname@email.com
An: info@empfaenger.de
Betreff: Neue Drucksachen werden noch heute um ca. 18:00 Uhr geliefert

---

Sehr geehrte Frau Götz,

ich habe mit der Druckerei vereinbart, dass Ihre Drucksachen noch heute neu hergestellt und sofort an Ihr Unternehmen geliefert werden. Es ist allerdings wahrscheinlich, dass dies erst gegen 18:00 Uhr passiert.

Ich hoffe, es ist dann noch nicht zu spät, um die Waren bei Ihnen abzugeben.

Bitte verzeihen Sie die Umstände.

Mit freundlichen Grüßen

Regina Davis

Beispiel für einen korrekt beschrifteten Briefumschlag

Absender
[Vorname Nachname]
[Straße Hausnummer]
[Postleitzahl Ort]

[Porto]

An
[Firmenname]
[Ansprechperson]
[Straße Hausnummer]
[Postleitzahl Ort]

Szenario L In Ausbildung

Erster Schritt: Austausch mit der Klassenkameradin über das Berichtsheft Aufgaben 1-4, Seite 112

1

Wochenbericht

Ausbildungsnachweis-Nummer:	73
Name des/der Auszubildenden:	Ergün, Tolga
Ausbildungsbetrieb:	Friseursalon Haberstatter
Ausbildungsberuf:	Friseur
Ausbildungsjahr:	20xx
Ausbildungswoche vom:	07.05.20xx bis zum 12.05.20xx
Betriebliche Tätigkeiten:	Kunden empfangen Schutzumhänge angelegt Haarpflege Einstellen der Trockenhaube
Unterweisungen/ Betrieblicher Unterricht:	Schulung zum Umgang mit dem Langhaarschneider
Berufsschule:	Thema Fach 1: Beratungsgespräche mit Kunden in Deutsch geübt Thema Fach 2: Preisberechnungen für Friseurleistungen in Wirtschaftskunde
Datum:	17.05.20xx
Unterschrift Auszubildender:	Tolga Ergün
Unterschrift Ausbilder:	

Von: vorname.nachname@email.com
An: info@empfaenger.de
Betreff: Mein Bericht für diese Woche

Hallo Nele,

im Anhang findest du meinen Wochenbericht für das Berichtsheft. Kannst du dir den vielleicht mal anschauen und mir sagen, was du davon hältst?

Vielen Dank und liebe Grüße

Tolga

Wochenbericht

Ausbildungsnachweis-Nummer:	78
Name des/der Auszubildenden:	Mais, Nele
Ausbildungsbetrieb:	Friseursalon Haarscharf
Ausbildungsberuf:	Friseurin
Ausbildungsjahr:	20xx
Ausbildungswoche vom:	07.05.20xx bis zum 12.05.20xx
Betriebliche Tätigkeiten:	In dieser Woche habe ich häufig am Empfang gearbeitet. Dort habe ich die Kunden begrüßt, nach ihren Terminen gefragt und Terminanfragen am Telefon bearbeitet. Ich habe Kunden zu ihren Plätzen gebracht, Getränke und Magazine angeboten sowie die Schutzumhänge angelegt. Außerdem habe ich ihnen die Haare gewaschen und vorher eine kurze Pflegeberatung durchgeführt. Bei einigen Kunden habe ich die Trockenhaube eingestellt und hinterher wieder weggeräumt. Wenn Zeit dafür war, habe ich Haare zusammengekehrt und den Boden gewischt.
Unterweisungen/Betrieblicher Unterricht:	Mein Ausbilder hat mir gezeigt, wie man am Abend die Kasse macht und die Ausgaben und Einnahmen ins Kassenbuch einträgt. Außerdem hatten wir eine Schulung zum Anmischen von Haarfarbe (Donnerstag von 10:00 bis 13:00 Uhr). Dabei habe ich gelernt, wie man verschiedene Farbtöne herstellt.
Berufsschule:	Thema Fach 1: Im Deutschunterricht haben wir Kundenberatungen trainiert. Zuerst haben wir überlegt, was Kunden normalerweise wissen möchten und dann Rollenspiele dazu gemacht. Thema Fach 2: In Wirtschaftskunde haben wir gelernt, wie man Friseurleistungen berechnet, damit wir wissen, wie sich die Preise für Pflege, Schnitt und Styling zusammensetzen.
Datum:	17.05.20xx
Unterschrift Auszubildender:	Nele Mais
Unterschrift Ausbilder:	

2

Von: vorname.nachname@email.com

An: info@empfaenger.de

Betreff: Mein Ausbildungsnachweis für diese Woche

Hallo Tolga,

hier kommt mein Ausbildungsnachweis für das Berichtsheft. Könntest du bitte mal gucken, ob damit alles ok ist?

Danke und VG

Nele

3

Von: vorname.nachname@email.com

An: info@empfaenger.de

Betreff: RE: Mein Ausbildungsnachweis für diese Woche

Hallo Nele,

ich habe deinen Bericht gelesen und finde ihn richtig gut. Ich glaube, du kannst ihn so lassen. Für meinen sind mir allerdings schon ein paar Sachen eingefallen, die ich vergessen habe :)

Ich bin gespannt auf deine Nachricht.

Bis bald

Tolga

4

Von: vorname.nachname@email.com

An: info@empfaenger.de

Betreff: RE: Mein Bericht für diese Woche

Hallo Tolga,

ja, du hast recht. Ich denke auch, dass du ein paar Dinge vergessen hast.

Vielleicht überlegst du nochmal bei den betrieblichen Tätigkeiten, ob du nicht mehr gemacht hast. Man soll ja wirklich alles aufschreiben und dein Meister erinnert sich bestimmt an die Tätigkeiten.

Dann frage ich mich auch, ob du wirklich nur eine Unterweisung/Schulung hattest. Bei uns ist das normalerweise mehr in einer Woche.

Schließlich würde ich dir raten, keine Stichpunkte zu schreiben, sondern ganze Sätze. Meine Ausbilderin würde das so nicht akzeptieren, aber das kann bei euch natürlich anders sein. Es wirkt meiner Meinung nach trotzdem professioneller.

Viele Grüße

Nele

Zweiter Schritt: Kontrolle des Berichtshefts und Bitte um Ergänzung
Aufgaben 1, 3 und 4, Seite 112

1

Von: vorname.nachname@email.com

An: info@empfaenger.de

Betreff: Dein Ausbildungsnachweis von letzter Woche

Lieber Tolga,

ich habe mir dein Berichtsheft angeschaut und schreibe dir hier, was ich darüber denke:

Gut gefallen hat mir, dass du die wichtigsten Tätigkeiten und Lerninhalte genannt hast. Allerdings solltest du dich bemühen, beides genauer zu beschreiben. Darüber haben wir ja schon öfter gesprochen. Es genügt nicht, nur kurz den Punkt zu nennen. Du solltest stattdessen auch erklären, was du dabei gelernt hast, warum du das machen solltest, warum es wichtig ist etc.

Dann denke ich auch, dass du einige Tätigkeiten vergessen hast. Überleg hier doch nochmal.

Vielleicht kannst du den Nachweis dann etwas ausführlicher gestalten, bevor ich ihn unterschreibe.

Danke und viele Grüße

Uwe

3

Aktivitäten im Friseursalon (letzte Woche):

- Anmischen von Haarfarbe (Brauntöne)
- Empfang von Kunden
- Terminvergabe am Telefon
- Haarpflege
- Produktberatung
- Einstellen der Trockenhaube
- Anlegen der Schutzumhänge
- Kehren und Wischen
- Kontrolle der Pflegeprodukte im Lager
- Styling mit Mousse und Gel (Männer)
- Unterweisungen (letzte Woche):
- Schulung für die Arbeit mit dem Langhaarschneider (am künstlichen Modell)
- Mengenverhältnisse beim Anmischen von Brauntönen
- Sicherheitsbelehrung beim Umgang mit aggressiven Chemikalien

4

Betriebliche Tätigkeiten:

In der vergangenen Woche habe ich mit meiner Kollegin Brauntöne zum Färben angemischt. Außerdem habe ich Kunden empfangen und zu ihren Plätzen geleitet. Dabei ist es wichtig, ihnen Getränke und Magazine anzubieten, um die Wartezeit angenehmer zu machen. Die meisten Kunden habe ich auch vorbereitet, d.h. ich habe ihnen den Schutzumhang angelegt, Pflegeprodukte vorgeschlagen und ihnen die Haare gewaschen.

Nach dem Schneiden habe ich die Trockenhaube eingestellt und den Boden gekehrt und gewischt. Es ist wichtig, dass ein Friseursalon immer sauber und gepflegt aussieht.

Schließlich habe ich noch gelernt, wie man den Bestand an Pflegeprodukten kontrolliert und eine Bestandsliste führt, damit man keine Nachbestellung vergisst. Bei einigen Männern durfte ich das Styling mit Mousse oder Gel durchführen. Sie waren sehr zufrieden mit meinem Styling.

Unterweisungen/Betrieblicher Unterricht:

Am Dienstag hatte ich eine Schulung für den Umgang mit dem Langhaarschneider am künstlichen Modell. Dabei habe ich gelernt, verschiedene Längen zu rasieren.

Außerdem habe ich mehr über die Mengenverhältnisse der Farbsubstanzen beim Anmischen von Brauntönen erfahren.

Färbe- bzw. Bleichmittel enthalten oft aggressive Chemikalien. Deswegen habe ich eine Sicherheitsbelehrung bekommen, bevor wir Farben angemischt haben. Ich weiß jetzt, was zu tun ist, wenn Dämpfe entstehen.

Dritter Schritt: Tipps und Informationen zur Prüfung einholen
Aufgaben 1, 2 und 4, Seite 112

1
Themenauswahl für die theoretische Zwischenprüfung

Thema 1: Die menschliche Haut

a) Wie heißen die drei Hautschichten?

b) Erläutern Sie den natürlichen Haarwechsel. Benennen Sie dazu drei Phasen, deren jeweilige Dauer und den Anteil des Haarverlustes in Prozent.

c) Erklären Sie einer Kundin den Unterschied zwischen Haarwechsel und Haarausfall und beschreiben Sie den Haarwechsel für sie.

d) Welche Pflegeprodukte würden Sie der Kundin empfehlen?

Thema 2: Kopfform und Haarschnitt

a) Benennen und erklären Sie zwei Kontrollmöglichkeiten nach einem Haarschnitt.

b) Welche Merkmale hat die Gesichtsform „rundes Gesicht“?

c) Wie sollte ein Pony bei dieser Gesichtsform gestaltet sein? Erklären Sie die Effekte dieser Gestaltung.

Thema 3: Kostenrechnung

Berechnen Sie den Bruttobedienungspreis für einen Kurzhaarschnitt mit anschließendem Gelstyling. Der Stundenlohn beträgt 13,60 Euro und die Arbeitszeit 50 Minuten. Für die Kalkulation wird ein Gemeinkostensatz von 125% angenommen, für Gewinn und Risiko werden 7,90 € angesetzt. Die geltende gesetzliche Mehrwertsteuer beträgt 7,80 €. Geben Sie das Ergebnis gerundet an.

2

Beispielfragen und Antworten für die Zwischenprüfung

a) Wie lauten die Fachbegriffe für diese Haarschichten?

Markkanal: *Medulla*

Schuppenschicht: *Cuticula*

Faserschicht: *Cortex*

b) Auf welche Weise entsteht Glanz bei gesunden Haaren?

Gesunde Haare besitzen eine enge Schuppenschicht, die das Licht gleichmäßig reflektiert. So entsteht die Glanzwirkung.

c) Nennen Sie einen Wirkstoff, der Haare glänzen lässt:

Haarkur

d) Nennen Sie die Wirkung einzelner Bestandteile von Kopfhautwasser.

Koffein: *aktiviert die Kopfhaut*

Alkohol: *entfettet und desinfiziert*

Wasser: *dient als Lösungsmittel für die anderen Stoffe*

Menthol: *kühlt und erfrischt*

Parfümöle: *geben einen angenehmen Duft ab*

e) Bei welchen 3 Schnitten kommt eine Haarschneidemaschine zum Einsatz?

Konturen ausrasieren

Übergangsschneiden mit dem Kamm

Tribals, z.B. beim Bartschneiden

f) Welche Wickler sind für welche Sprungkraft geeignet?

große, dicke Wickler: *schwache Sprungkraft*

kleine, dünne Wickler: *starke Sprungkraft*

4

Lernliste für mögliche Prüfungsthemen:

1. klassische Friseurarbeit – schriftliche Prüfung
   - Begriffe zu Kopfhaut und Haar
   - Begriffe zu Präparaten und Wirkstoffen
   - Effekte von Wirkstoffen
   - Grundlagen Chemie
   - Preiskalkulation
   - Beschreibung von Gesichtsformen
   - passende Haarschnitte
   - Schneidetechniken
   - Arbeits- und Gesundheitsschutz
   - Hygiene
   - Umweltschutz
   - Kundenbetreuung
   - Terminplanung
   - Gesprächsführung
   - Werkzeuge
   - Beratung
2. moderne Friseurarbeit – schriftliche Prüfung
   - Betriebsorganisation und Kundenmanagement
   - Wirtschafts- und Sozialkunde

Vierter Schritt: Die Zwischenprüfung vorbereiten
Aufgaben 1, 3 und 4, Seite 113

1

Von: vorname.nachname@email.com
An: info@empfaenger.de
Betreff: Beispielantworten zu Prüfungsfragen

Sehr geehrter Herr Khalili,

Sie finden im Anhang meine Antworten auf die Prüfungsfragen aus dem Unterricht. Vielleicht können Sie sich die Antworten einmal anschauen und mir mitteilen, ob ich richtig geantwortet habe oder wo ich mich noch verbessern muss.

Vielen Dank im Voraus und schöne Grüße

Tolga Ergün

Von: vorname.nachname@email.com
An: info@empfaenger.de
Betreff: Beispielantworten zu Prüfungsfragen

Hallo Jana, hallo Uwe,

hier kommen meine Beispielantworten zu den praktischen Prüfungsfragen. Könnt ihr vielleicht mal schauen, ob das so einigermaßen in Ordnung ist?

Bei einigen Fragen war ich ein bisschen unsicher, wie viel ich dazu schreiben muss. Da wäre es schöne, wenn ihr mir weiterhelfen könntet.

Danke und viele Grüße

Tolga

Von: vorname.nachname@email.com
An: info@empfaenger.de
Betreff: RE: Beispielantworten zu Prüfungsfragen

Lieber Herr Ergün,

Sie haben Ihre Prüfungsaufgaben meistens gut beantwortet. Die genauen Punkte für Ihre Antworten finden Sie im Anhang.

Generell sollten Sie bei den Textaufgaben darauf achten, wirklich ausführlich zu antworten. Sie haben einer Kundin beispielsweise ein Pflegeprodukt für eine Periode des Haarwechsels empfohlen, erklären aber nicht genau, welche Wirkstoffe das Produkt enthält und welcher Effekt beim Einsatz zu erwarten ist. Hier sollten Sie ausführlicher antworten.

Wenn Sie noch Fragen haben, können wir gern im Unterricht darüber sprechen.

Herzliche Grüße

Reza Khalili

3

Von: vorname.nachname@email.com
An: info@empfaenger.de
Betreff: RE: Beispielantworten zu Prüfungsfragen

Hallo Tolga,

hier nochmal eine kurze Zusammenfassung aus meiner eigenen Prüfung:

Wir sollten Kunden mit verschiedenen Haarstrukturen und Kopfhautgegebenheiten Pflegeprodukte erklären und anbieten, z.B. ein Glanzpräparat oder ein Schuppenshampoo. Dazu sollten wir die Inhaltsstoffe und deren Wirkung nennen und die Fachbegriffe für Haarstrukturen und Kopfhautgegebenheiten aufzählen.

Außerdem sollten wir eine Beratung für einen Kunden mit seitlichem Haarausfall aufschreiben, und zwar sowohl für die Frisur als auch für den Bart. Dazu mussten wir zunächst den seitlichen Haarausfall erklären und dann die geeignete Gestaltung der Frisur und des Bartes vorschlagen.

Dann gab es noch eine Beschreibung zum Anlegen eines Schutzumhangs und ein paar Fragen zur Durchführung der Haarpflege. Dabei war natürlich wieder wichtig, die Produkte und ihre Wirkung genau zu kennen.

4

Von: vorname.nachname@email.com

An: info@empfaenger.de

Betreff: RE: Beispielantworten zu Prüfungsfragen

Hallo Tolga,

du hast dich ja schon gut auf deine Zwischenprüfung vorbereitet, das freut mich sehr. Deine Antworten sind aus meiner Sicht in Ordnung, den schriftlichen Teil wirst du damit bestehen. Zum praktischen Teil schreibe ich dir hier noch ein paar Tipps:

Achte darauf, dass du immer freundlich zu den Kunden bist. Frag sie ruhig, wie es ihnen geht und führe ein bisschen Small Talk mit ihnen. Die Kunden sollen sich bei dir gut aufgehoben fühlen und sich nicht langweilen.

Deine Beratungen sollten immer möglichst detailliert sein. Nimm dir die Zeit, Pflegeprodukte zu erklären und dabei auf die Unterschiede hinzuweisen. Deine Empfehlungen müssen für die Kunden Sinn ergeben.

Wenn du mit der Pflege beginnst, sei vorsichtig. Überprüfe immer zuerst den Wasserdruck und die Temperatur mit deiner Hand und denk daran, dass die Kopfhaut empfindlicher ist als die Hand. Lass die Kunden dann einmal das Wasser an der Kopfhaut spüren und frag nochmal nach, ob es wirklich angenehm ist. Die passende Sitzhöhe und das Waschbecken hast du natürlich vorher mit den Kunden eingestellt.

Bei der Kopfhautmassage solltest du nicht zu kräftig drücken. Die meisten Kunden bevorzugen einen sanften Druck.

Ich drücke dir die Daumen und bin sicher, dass du es gut machen wirst.

Viele Grüße

Uwe

Vorschläge zur Änderung

Von: vorname.nachname@email.com

An: info@empfaenger.de

Betreff: Dein Ausbildungsnachweis für die vergangene Woche

Lieber Tolga,

vielen Dank für deinen Ausbildungsnachweis. Ich gebe dir hier eine kurze Rückmeldung dazu:

Inhaltlich bin ich einverstanden mit deinen Punkten. Du hast alle wichtigen Tätigkeiten und Unterweisungen genannt. Allerdings fallen deine Erklärungen oft zu knapp und manchmal etwas unklar aus. Du solltest darauf achten, die Punkte ausführlich zu erklären und bei deinen Formulierungen nicht zu kompliziert werden.

Vielleicht schaust du dir das nochmal an und schickst mir eine überarbeitete Version deines Wochenberichts.

Viele Grüße

Uwe

Von: vorname.nachname@email.com

An: info@empfaenger.de

Betreff: Hilfe bei meinem Berichtsheft

Sehr geehrter Herr Khalili,

mein Ausbilder hat mir mitgeteilt, dass meine Ausbildungsnachweise und meine Antworten auf Prüfungsfragen manchmal nicht genau genug oder sogar unklar sind.

Ich bin mir nicht ganz sicher, wie ich das verbessern kann. Wissen Sie da vielleicht einen Rat, oder könnten wir im Unterricht nochmal über dieses Thema sprechen? Das würde mir sehr helfen.

Vielen Dank im Voraus und herzliche Grüße

Tolga Ergün

Beispiele für das Berichtsheft:

Gesprächsführung:

Bei Neukunden ist es am wichtigsten, dass sie sich auf Anhieb wohlfühlen. Man sollte sie fragen, wie es ihnen geht und welche Wünsche sie haben. Dabei sollte man gut zuhören und besonders auf die Wünsche des Kunden eingehen. Man kann natürlich auch eigene Vorschläge machen, sollte dem Kunden aber nicht das Gefühl geben, bestimmen zu wollen.

Auch während der Behandlung sollte man den Kunden immer wieder fragen, ob alles in Ordnung ist, ob man noch ein Getränk holen soll etc.

Bei Stammkunden sollte man zusätzlich zeigen, dass man den Kunden nicht vergessen hat und weiß, was er bevorzugt.

Ein freundlicher Ton hilft, die Situation entspannt und angenehm zu gestalten.

Pflegeberatung:

Die Kunden im Friseursalon schätzen Transparenz. Wenn man also ein Pflegeprodukt anbietet, sollte man die Unterschiede zu anderen Pflegeprodukten erklären und die Empfehlung begründen. Dabei ist es wichtig, die Vorteile der Wirkstoffe für Haut und Haar zu kennen.

Damit sich der Kunde nicht bedrängt fühlt, sollte man freundlich bleiben und ihn in Ruhe entscheiden lassen.

Haarpflege:

Zuerst wird der Umhang vorsichtig angelegt, wobei er am Hals nicht zu eng sitzen sollte. Dann werden Frisierstuhl und Waschbecken in eine angenehme Position gebracht, sodass sich der Kunde entspannen und den Kopf bequem zurücklegen kann.

Der Wasserstrahl wird vorher mit der Hand auf Druck und Temperatur getestet. Dabei ist zu beachten, dass die Kopfhaut sensibler ist als die Hand. Dann hält man die Brause probeweise seitlich an den Oberkopf und fragt den Kunden nach seinem Gefühl und passt Strahl und Temperatur bei Bedarf an.

Bei der Anwendung eines Pflegeprodukts sollte die Kopfhaut sanft massiert werden. Im Zweifelsfall kann man immer wieder nachfragen, ob die Behandlung angenehm ist.